红色基因
★ 为民篇 ★

蒋海升 主编

宋健 孟冲 编著

泰山出版社·济南·

「序言」

讲好红色故事，激活红色基因

党的十八大以来，习近平总书记多次强调，红色基因就是要传承，让信仰之火熊熊不息，让红色基因融入血脉，让红色精神激发力量，要把理想信念的火种、红色传统的基因一代代传下去，让革命事业薪火相传、血脉永续。

红色基因是什么？红色，代表着光明与温暖，象征着革命与胜利，凝聚着力量，引领着未来。"红色基因"是中国共产党人的精神内核，是中华民族的精神纽带，始终贯穿在中国共产党从小到大、从弱到强、不断从胜利走向胜利的辉煌历程中。建党一百年来，中国共产党书写了波澜壮阔的革命史、艰苦卓绝的奋斗史、可歌可泣的英雄史。一部党史，蕴含着丰富的革命精神，包含了革命先辈的崇高理想和坚定信念，凝聚了党的优良革命传统和集体智慧。红色基因形成于艰苦卓绝的战争年

★ 为民篇 ★

代,在井冈山、瑞金、遵义、延安、西柏坡等地凝聚,并伴随着中国革命、建设、改革的伟大历程传承至今。红色基因是历史的积淀,是历史真正厚重之所在。红色基因中有信仰,能够使我们"不畏浮云遮望眼";红色基因中有定力,能够使我们"咬定青山不放松";红色基因中有成功之道,能够使我们从看似"山重水复疑无路"中,领略"柳暗花明又一村"的意境。红色基因植根于革命先烈用鲜血染红的泥土中,传承于一代一代人不懈奋斗的事业中,与我们每一个人情感相连、命运相系,是我们精神的归宿、初心的原点。它清晰地告诉我们——今天的中国从何处来,又往何处去。

红色基因中包含着信念。信念是革命理想高于天的坚定信仰,目光远大,追求高远;红色文化是一种崇高、坚定、顽强的信念文化。真正的革命者清楚地认识到革命的本质,因而具有坚定的意志和崇高的使命感。"但有使命,万死不辞。"信仰不够坚定,面对困难中途退出,那是逃兵,不是革命者;信仰不够坚定,面对危险选择变节,那是叛徒,不是革命者。革命者的使命感就是人生的意义在于革命事业。敌人"只能砍下我们的头颅,决不能丝毫动摇我们的信仰!我们的信仰是铁一般的坚硬的"。理想信念是革命者一往无前的坚实支撑。

红色基因中包含着忠诚。对党忠诚,是共产党人首要的政治品质。党一路走来,经历了无数艰险和磨难,但任何困难都没有压垮党,任何敌人都没能打倒党,靠的就是千千万万党员的忠诚。"党有指示,虽死不辞",爱党爱国,永远听党话、跟党走、服从中央、顾全大局,矢志不渝、至死追随,坚守高度自觉严格的革命纪律,任何时候、任何情况下都同党中央保持高度一致,一心一意、一以贯之,表里如一、知行合一。"对党绝对忠诚要害在'绝对'两个字,就是唯一的、彻底的、无条件的、不掺任何杂质的、没有任何水分的忠诚。"对党绝对忠诚,既是政治标准,更是实践标准。任何时候任何情况下都不改其心、不移其志、不毁其节,把对党忠诚真正落到实处。

红色基因中包含着为民。"人民对美好生活的向往,就是我们的奋斗目标。"中国共产党人的初心是什么?归根结底,就是"民心",即为民之心,为人民服务的心,对人民的拳拳赤子之心,带领人民创造幸福生活、满足人民对美好生活向往的心。坚持以人民为中心是共产党领导人反复强调的核心价值取向。党自成立之日起,就把坚持人民利益高于一切鲜明地写在自己的旗帜上,把实现好、维护好、发展好最广大人民的根本利益作为一切工作的出发点和落脚点。一百年来,我们党之所以能够从小到大、从弱到强,关键就在于始终坚持以人民为中心,权为民所用、情为民所系、利为民所谋,无私奉献,无怨无悔,践行全心全意为人民服务的根本宗旨。

红色基因中包含着奋斗。"宝剑锋从磨砺出,梅花香自苦寒来。"任何事业的成功离不开艰苦奋斗。奋斗是艰辛的,艰难困苦、玉汝于成,没有艰辛就不是真正的奋斗,在艰苦奋斗中才能净化灵魂、磨砺意志、坚定信念。奋斗是长期的,前人栽树、后人乘凉,伟大事业需要几代人、十几代人、几十代人持续奋

★ 为民篇 ★

斗。坚持和发扬艰苦奋斗精神是我们党一个永恒的主题。艰苦奋斗是党在长期革命、建设过程中形成的优良传统和作风，是党的政治本色，是党的宝贵精神财富。艰苦奋斗的精神永远不会过时。

红色基因中包含着意志。革命者的意志是用钢铁做的，革命者具有坚强意志、不屈气节和反抗精神。越是困难时期，革命者的信仰越执着、意志越坚定。为了实现自己的理想和奋斗目标，即使牺牲生命也在所不惜。大义凛然，视死如归。战场拼死易，从容就义难。面对敌人的铁窗与枷锁，面对敌人的罪恶枪口，革命者们泰然自若，从容决绝。中国共产党人是特有的英勇顽强、意志如钢、敢于战斗、不怕牺牲、宁死不屈、不畏艰险、勇于拼搏、自强不息、一不怕苦二不怕死的战斗精神的凝结。

……

红色基因有丰富的内涵。红色基因，让青春常驻，让生命之花绽放，让人生的每个时期都有其独特的魅力。

生活在我们这样一个拥有无数先烈的国度里，英雄的故事有口皆碑，红色印记随处可见。然而，每个人内心里的红色种子，不会自然而然地长成参天大树，需要不断地呵护她、激活她，使其永葆生机与活力；需要不断地培育她、浇灌她，使其汲取养料茁壮成长。那么，如何激活红色基因呢？

习近平总书记在瞻仰井冈山革命烈士陵园时，曾讲过一段深情的话语，井冈山是革命的山、战斗的山，也是英雄的山、光荣的山,每次来缅怀革命先烈,思想都受到洗礼,心灵都产生触动。回想过去那段峥嵘岁月,我们要向革命先烈表示崇高的敬意,我们永远怀念他们、牢记他们,传承好他们的红色基因。遍布于全国各地的纪念馆、纪念地,是红色基因的"孕育地""储存库",充分发挥好红色资源作用,经常到这些地方拜谒、瞻仰、学习,可以使我们的心灵得以滋养、灵魂得以净化、境界得以提升,从红色基因中汲取前进的力量。

历史是最好的教科书,也是最好的清醒剂。一本好书、一个好的故事,既是一扇窗户,让人走进历史、了解历史,也是一粒种子,让人在内心激发认同、产生情感共鸣。只有了解才能理解,只有"通情"才能"达理",从而激活红色基因,把红色基因的根基扎深扎牢。

革命先烈、英模人物的榜样力量,是优良传统的人格化身,是红色基因的鲜活体现。从他们身上,我们能够感受到一种强烈的气场、一种催人奋进的力量。不懂历史的民族没有根,淡忘英雄的民族没有魂。激活红色基因,当以英模人物为榜样,自觉向他们看齐。"清气澄余滓,杳然天界高。"榜样就是阵阵"清气",能够澄滤"余滓",引导我们进入"杳然"人生之境。

"传统不是守住炉灰,而是热情火焰的传递。"红色基因不是古董,她的生命力在于挖掘出新的时代内涵,彰显出新的时代价值。感悟革命传统的崇高,激活我们身上的红色基因,最终要体现在为崇高事业的不懈奋斗中。唯有保持革命战争年代那么一股劲、那么一种革命热情、那么一种拼命精神,才能使

 ★ 为民篇 ★

红色基因代代相传，使我们的事业永续推进。

讲好红色故事，激活红色基因。一位作家说过：人生不是一支短暂的蜡烛，而是一支由我们暂时拿着的火炬，我们一定要把它燃烧得十分光明耀眼，然后交给下一代。红色基因鼓舞着一代又一代中华儿女为了中华民族的伟大复兴而坚强自立、坚持梦想、勇往直前。面对敌对势力的阻挠诋毁，面对自然灾害的汹涌来袭，我们不动摇、不懈怠、不折腾，用勤劳和智慧、用坚定与执着，写下了令世人惊叹的"中国故事"。今天，历史的接力棒传到我们手上，我们当分外珍惜这一荣光，在回首中铭记，在缅怀中传承，在开拓中弘扬，让红色基因融入血脉代代相传，永不褪色，不断书写出新的光辉篇章！

目录

01	李慰农：一生奋斗为工农	/ 001
02	王若飞：一切要为人民打算	/ 004
03	三位女红军："半条被子"暖民心	/ 007
04	肖永正：一件棉衣一片心	/ 010
05	谢益先："救命粮"送给百姓	/ 013
06	赵进扬：突围中舍命掩护群众	/ 016
07	马定夫：愿将浩气弥天地	/ 019
08	林基路：新疆人民的"林青天"	/ 022
09	张思德：为人民利益而死重于泰山	/ 025
10	罗盛教：异域冰窟救少年	/ 028
11	雷锋：把生命投入到为人民服务之中	/ 031
12	谢臣：爱人民胜过自己	/ 034
13	欧阳海：危急时刻力大推惊马	/ 037
14	赵尔春：保护人民生命财产安全的烈火英雄	/ 040

★ 为民篇 ★

15	金遗华：爱民尽在无私间	/ 043
16	焦裕禄：亲民爱民、无私奉献的人民公仆	/ 046
17	刘英俊：舍己救人的"雷锋式共产主义战士"	/ 049
18	盛习友：为人民做一辈子好事	/ 052
19	张富清：拂却功与名，为民守初心	/ 055
20	叶连平：留守儿童的"摆渡人"	/ 058
21	申传兴：用生命诠释党员的为民初心	/ 061
22	史来贺：寸土点金花	/ 064
23	谭竹青：群众贴心的"小巷总理"	/ 067
24	朱彦夫：书写"极限人生"的精彩	/ 070
25	张洪恩：一名退休老党员的为民情怀	/ 073
26	乌国庆：中国的福尔摩斯	/ 076
27	杨怀远：小扁担上写人生	/ 079
28	朱伯儒：心系群众的"活雷锋"	/ 082
29	李润五：全天候的副市长	/ 085
30	吴金印：忠诚为民的"太行公仆"	/ 088
31	林占熺：培育菌草，致富一方	/ 091
32	孔繁森：一腔热血洒高原	/ 094
33	吴天祥：为群众办实事的"一心为民好干部"	/ 097
34	林秀贞：敬老济困的"杰出母亲"	/ 100
35	邱娥国：一脉真情暖一方人心	/ 103
36	张云泉：群众工作的行家里手	/ 106
37	李梦桃：心系边疆的牧场医生	/ 109

38 王元林：山区人民的防疫堡垒 / 113
39 赵振金：基层百姓的保护伞 / 116
40 宫清华：力挡车兮气概世 / 119
41 牛玉儒：时刻想着给老百姓办点事 / 122
42 达吾提·阿西木：震区群众的主心骨 / 125
43 冉绍之：情系三峡库区移民群众的好干部 / 128
44 贾立群：患儿家长心中的"B超神探" / 131
45 杨光斌：枪战恶徒保人民平安 / 135
46 高德荣：独龙族同胞脱贫路上的领路人 / 138
47 邓平寿：奔走在田坎的书记 / 141
48 梁雨润：执政为民的"百姓书记" / 144
49 叶欣：用生命护卫生命 / 147
50 孟二冬：一生践行真善美的教育工作者 / 150
51 邱光华：为人民出击的雄鹰 / 152
52 谭千秋：地震中学生的保护伞 / 155
53 陈立群：给放牛班带来春天的使者 / 158
54 张华：以雷锋为榜样的好学生 / 161
55 崔治岩：受民爱戴的"为民部长" / 164
56 王瑛：巴山红叶映党性 / 167
57 邓前堆：随叫随到的"索道医生" / 170
58 孟广彬：为人民服务的"雷锋鞋匠" / 173
59 李剑英：用生命诠释忠诚 / 176
60 和贵华：地震中舍身勇救三名儿童 / 179

★ 为民篇 ★

61	李元敏：盖买村乡亲们的"介米拉"	/ 182
62	杜丽群：视患如亲的"全国最美医生"	/ 185
63	李培斌：扎根基层的"全国人民调解能手"	/ 188
64	刘学讲：带着法庭到田间地头	/ 191
65	宋鱼水：为民司法的模范法官	/ 194
66	李桂林、陆建芬夫妇：扎根"天梯之上"的山村教师	/ 197
67	闻建生、温郡权：群众的"人肉盾牌"	/ 200
68	丛飞：183个孩子的"爸爸"	/ 203
69	艾热提·马木提：血肉之躯铸就金色盾牌	/ 206
70	柴生芳：回家下乡的"博士县长"	/ 209
71	方红霄：缉毒反恐的人民"忠诚卫士"	/ 212
72	任红梅：开在基层的鲜花	/ 215
73	谢彬蓉：绽放在大凉山上的军中绿花	/ 218
74	余元君：守护一江碧水践行者	/ 221
75	王小勇：千头万绪中理清为民路	/ 224
76	方怀成：爱心送考的中国好"的哥"	/ 227
77	徐本禹：把青春激情燃烧在文化贫瘠处	/ 230
78	文花枝：把生的希望让给游客的"模范导游"	/ 234
79	李夏：扎根在基层	/ 237
80	陈洲贵：碧海长空上永远的英魂	/ 240

01 | 李慰农:
一生奋斗为工农

他是中国共产党建党之初的杰出人才,在党内享有"农民博士"和"工运先驱"的美誉;他的志向是让全中国的穷苦人过上好日子;他的一生都在不断地学习、奋斗、革命;他为了保守党的秘密,不畏敌人的严刑拷打,坚贞不屈,大义凛然,最终壮烈牺牲。他就是在青岛为革命献身的第一位中共党员李慰农。

李慰农

李慰农,原名李尔珍,1895年出生,今安徽省巢湖市庙岗乡油坊郑村人。李慰农出身贫苦农家,父母为了能够让他读书,以后可以有番作为,省吃俭用,把他送到了私塾。李慰农深知读书机会来之不易,进入私塾后发愤苦读,很快就展现出了超

人的才华。由于自幼目睹父老乡亲生活疾苦,他很早就形成了"农业救国"的思想,立志振兴农业、拯救百姓。为实现自己的理想抱负,1912年,李慰农考取了一所农业学校,专攻农学。入学之前,他还特意更名,把"尔珍"改为"慰农",以示告慰劳苦大众的志向。

1915年,李慰农毕业留校。在此期间,李慰农通过陈独秀、高语罕等人的书刊接触到科学社会主义思想。他逐渐认识到"农业救国"的主张在近代中国是行不通的,只有走"十月革命"的道路,才能救中国。1919年,他和蔡和森等50余人赴法勤工俭学。1922年,他和赵世炎、周恩来等18人成立"旅欧中国少年共产党",并随后被批准转为中国共产党正式党员。留法期间,李慰农阅读了大量的马克思列宁主义原著,努力研究革命理论,整日如痴如醉,以至被大家称为"农民博士"。

1924年底,在国外已经过多年革命历练的李慰农积极响应党的号召,踏上了归国的征程。1925年,由于革命形势需要,李慰农以胶济铁路总工会宣传员的身份到山东开展工作。同年4月,被派往青岛市委负责党的工作。来到青岛后,李慰农深入工人最集中的四方区,整顿和发展地方党组织,建立工会,领导开展工人运动。4月19日,青岛日资纱厂工人吹响了罢工的第一声号角。为了进一步扩大罢工声势,李慰农迅速派人到四方区各厂联络工人举行联合大罢工。经过6天的积极动员,参与罢工的工人达1.8万余人。与此同时,青岛各界人士也纷纷群起声援。在强大压力下,5月9日,日本厂方不得已与工人代表签订了9项复工条件。这场闻名全国的青岛工人第一次联合大罢工取得了重大胜利。

工人运动的胜利，让日本帝国主义十分恼怒。5月29日，日本帝国主义勾结奉系军阀，包围了四方区3家日本纱厂和其工人宿舍，并悍然向工人开枪，制造了"青岛惨案"。次日，上海又发生了"五卅惨案"。面对敌人的残酷镇压，李慰农领导工人坚决予以还击。根据全国斗争形势，他组织了"沪青后援会"，领导成立各界联合会英勇斗争。

正当青岛反帝运动如火如荼地开展时，日本帝国主义密谋要杀害李慰农，扑灭工人斗争烈火。7月26日，李慰农去参加一个秘密会议时被反动军警逮捕。为了逼李慰农说出在青岛的"同党"，敌人对他施尽了各种酷刑，进行百般折磨。但李慰农毫不畏惧，只说道："青岛的工人全是我的同党！"而始终没有吐露半点党的秘密。7月29日，李慰农被气急败坏的敌人在青岛团岛秘密杀害，时年仅30岁。

李慰农是青岛第一个为革命献身的共产党人，他的精神就像一面旗帜，引领着后人为国家的富强、人民的幸福，为中华民族的伟大复兴而不断奋斗。

02 王若飞：一切要为人民打算

"一切要为人民打算。"

这是王若飞当年临别重庆时向周恩来说的最后一句话，不承想这也成了他对党、对人民的遗言。

王若飞，原名荫生，又名大伦，别号继仁，1896年出生，今贵州省安顺市人。早年读书期间，有感于《木兰辞》中"万里赴戎机，关山度若飞"诗句的雄奇豪放，遂改名度，字若飞，以寄托自己的远大报国理想。

由于自幼家境多变，1904年2月，8岁的王若飞被舅父黄齐生从安顺接到贵阳照顾。黄齐生是中国近代著名教育家和爱国民主人士，他一生都在探索教育救国兴邦的真理。在舅父黄齐生的带领和影响下，王若飞少年时期即投身革命，参加过辛亥革命和讨袁运动。之后，王若飞先后赴日本、法国、苏联留学。1931年夏天，王若飞结束了在列宁学院的学习，受党中央派遣，以西北工委特派员的身份到内蒙古领导开展西北地区的革命斗争，建立革命根据地。

到达内蒙古以后,王若飞化名黄敬斋,以阔商黄掌柜的身份先后到绥远、包头、五原等地进行调查访问,了解内蒙古地区的革命形势以及广大贫穷牧民的生活状况。而正当王若飞呕心沥血开展蒙古族工作的时候,由于叛徒出卖,不幸被国民党拘捕入狱。

王若飞被捕时,身上正带有一张写有许多同志姓名和通信地址的纸片,他来不及销毁,就乘敌不备,急忙塞进嘴里咬嚼。敌人扼住他的喉咙要他吐出,王若飞拼命搏斗,竭力把纸咬碎,因此保住了不少同志的生命。

敌人抓住王若飞以后,连夜进行审讯,妄图从王若飞嘴里了解内蒙古党的组织活动情况,以便一网打尽。然而面对各种严刑拷打,他坚贞不屈,视生死如鸿毛,拒绝回答一切问题。

一天深夜,敌人突然冲进牢房,拿枪指着王若飞的头,气势汹汹地威胁道:"现在只要你说一个'招'字,就放了你;你说一个'不'字,马上送你上西天!"

王若飞大义凛然道:"'招'字早就从我的字典中抠掉了!"

最后,气急败坏的敌人将王若飞押赴刑场施行假枪毙,企图恫吓他屈服。王若飞早已做好为党和人民牺牲的准备,他泰然处之,平静地对刽子手说:"开枪吧!"

敌人被王若飞英勇无畏的精神惊呆了,只好又把他押回了狱中。

1937年5月,经党组织积极营救,在狱中被非法羁押了五

 ★ 为民篇 ★

年七个月的王若飞终于获释。重获自由后,他立即奔赴延安,投身到了中华民族的抗日战争中。1945年6月,他在中共七大上当选为中央委员。同年8月,抗战胜利后,他作为中共代表,随同毛泽东、周恩来赴重庆,参加国共两党和平谈判。1946年4月8日,在重庆参加国共谈判的王若飞乘坐飞机返回延安向党中央汇报和请示工作,途中因天气恶劣,飞机失事,不幸遇难,时年50岁。

而在前一天,王若飞在重庆临别前向周恩来说的最后一句话就是"一切要为人民打算"。这也是他留给党和人民的最后遗言,他光辉的一生完美地践行了这一诺言。

03 三位女红军："半条被子"暖民心

"什么是共产党？共产党就是自己有一条被子，也要剪下半条给老百姓的人。"

1984年11月7日，第一个徒步重走长征路的记者罗开富采访走到湖南省汝城县沙洲村。刚进村子，他就注意到了一位裹着小脚的老人。老人尽管步履蹒跚，但一直在后边跟着他。罗开富隐约感觉老人似乎有什么话想跟他说，于是在离开村子前转辗打听到了老人的名字叫徐解秀，并且专程来到她家采访。见到罗开富，徐解秀老人立即吐露了自己的心思，原来是希望他能帮助打听三位女红军战士的下落。与此同时，还向他讲起了50年前她与这三位女红军战士的故事。

1934年11月，在突破了国民党军第二道封锁线后，中央红军各个军团陆续抵达汝城县境内，进行了长征半个月来首次较长时间的休整。在这期间，有三位疲惫不堪的女红军来到了沙洲村。她们怕进村子会打扰到百姓，于是借宿在了离村子几十米远的一户村民家里。这户人家的主人就是徐解秀和她的丈夫。

 ★ 为民篇 ★

徐解秀家一贫如洗，仅有一张用破木板钉成的床架。床上铺的是一层稻草，盖的是一堆烂棉絮。于是女红军便把唯一的行军被打开，几个女人合盖这一条被子，挤在这一张床上。男主人则跑到屋外，睡在了门口的草堆上，守护了她们一夜。

即将告别，三位女红军决定把她们这唯一的一条被子送给徐解秀一家。夫妇俩无论如何也不肯收下："你们三个人就共用这么一条被子，天寒地冻的，还要赶那么远的路，我们怎能忍心收下呢。我们在家里，至少还有一个躲风避雨的地方啊！"

见怎么也说服不了夫妇二人，最后，一位女红军用剪刀把被子剪成了两半。她们拉着徐解秀的手说道："大姐，这下你可别推让了，这半条你就收下吧，等革命胜利了，我们会回来看您的，到时候再给您带一条完整的新被子。"徐解秀接过这半条被子，激动得一句话也说不出。

令徐解秀没想到的是，这一等就是50年。她说："三个姑娘长得很漂亮，有一个还不到20岁，心也好。你们说，一条被子能剪下半条给穷人，天底下哪有这样的好人！现在我已有盖的了，只盼她们能来看看我就好！"听了老人的故事，罗开富深受感动，决定帮助老人寻找那三名女红军，于是写了一篇《当年赠被情谊深　如今亲人在何方》的文章，刊登在报纸上。

看到报道后，在曾经走过长征路的邓颖超同志的主持下，全国发起了寻找三位女红军的活动，然而令人遗憾的是，最终没有找到。为此，邓颖超同志特意买了一床新棉被，委托罗开富于1991年春节前送给徐解秀。不幸的是，老人在被子送到的三天前已经去世了。

可能在很多人眼里,"半条被子"的故事并不轰轰烈烈,甚至可以说是一件很小的事情。但是恰恰就是这种小事,最能映照出共产党人的初心和本真。正如习近平总书记在纪念红军长征胜利80周年大会上的讲话:"一部红军长征史,就是一部反映军民鱼水情深的历史。在湖南汝城县沙洲村,3名女红军借宿徐解秀老人家中,临走时,把自己仅有的一床被子剪下一半给老人留下了。老人说,什么是共产党?共产党就是自己有一条被子,也要剪下半条给老百姓的人。同人民风雨同舟、血脉相通、生死与共,是中国共产党和红军取得长征胜利的根本保证,也是我们战胜一切困难和风险的根本保证。"

04 肖永正：一件棉衣一片心

1935年，在红四方面军长征途中，有一天，雨夹雪下得特别大，打在脸上犹如刀割一般疼痛。此时，红四方面军总指挥徐向前正骑着马来回巡视着爬雪山的部队。他突然发现一位红军战士没有穿棉衣，只披了条草袋，背着一口行军锅，一步一喘，艰难地跟着部队前进。徐向前停了下来，下了马，问道："你们是哪一部分的？"

肖永正

队伍里有人认出了徐向前，说："报告首长，我们是三十九团九连。"

"叫你们连长现在来见我！"

不一会，九连连长跑步来到徐向前面前。

见了九连连长，徐向前非常生气地质问他："为什么前面有个同志没有棉衣穿,身上只披着一个草袋?赶紧把司务长找来,我要问问他。"

九连连长告诉徐向前说:"前面那个披草袋的就是司务长,叫肖永正。"

徐向前听了先是一惊,然后迅速追上肖永正,向他了解具体情况。二人一番对话后,徐向前得知,原来肖永正并不是没有棉衣,而是在上山前把自己的棉衣送给了一名没有衣服御寒的穷苦百姓,自己只能披个草袋过雪山。对于肖永正的这一举动,徐向前听后大为感动,他含着眼泪说:"肖永正呀肖永正,全连一帮人等你安排饭给他们吃呀!你冻坏了,全连同志怎么办哪,你冻坏了,我徐向前怎么对得起你这个好司务长!"于是他从肖永正背上接过锅,扯下草袋,然后把自己的大衣脱下来,给肖永正裹在身上,把扣子扣好后,才骑上马。徐向前边骑边说:"肖永正,你要安全爬过雪山,等翻过雪山,我要见到你。"接着奔驰而去。

部队翻过雪山后,在一次全体干部会上,徐向前提起肖永正仍激动地说:"有个连队司务长,过雪山这么冷的天,战士们都穿上了棉衣,他却把自己的棉衣给了当地老百姓,自己只能靠草袋和大锅避风遮雨。他就是三十九团九连的司务长,叫肖永正。作为司务长,部队每到一地,肖永正都不顾疲劳,没日没夜地去筹集钱粮。自己饿了,没有动连队一粒米、一粒粮。与当地老百姓打交道,没有动老百姓的一草一木,当地老百姓称他为红军的'好粮草官'。"

 ★ 为民篇 ★

很多人曾经问,为什么红军能够取得老百姓的拥护和信任?或许这位麻城籍开国少将在长征路上将棉衣送给贫苦百姓的故事已然给出了答案。"红军为何得人心?人民军队为人民。"正是靠着严格的纪律和一心为民的情怀,红军获得了老百姓的广泛支持,战胜了各种艰难险阻,最终赢得了长征的胜利。

05 谢益先："救命粮"送给百姓

人的生命是最宝贵的，只有一次，失去不会再来。但是红军战士为了保护人民生命安全，什么都可以豁出去。长征途中，一位叫谢益先的红军战士将最后一袋"救命粮"让给一家母子三人自己牺牲的故事，就为我们演绎了这样一幕。

谢益先出生于一个贫苦农民家庭，母亲被反动派打死后，他将不懂事的弟弟寄养在了亲戚家里，自己毅然决然地参加了红军。谢益先平时话不多，但做事比谁都多。进入部队后，他很快成为一名优秀的红军战士。在战场上，他奋不顾身地英勇杀敌，恨不得消灭每一个反动派。但对待贫苦百姓，他却恨不得把心给人家。

这年，谢益先跟随部队来到了四川毛儿盖。上级命令大家筹粮，准备过草地。那时虽正值收获季节，可部队多，粮食少，每人仅能分到三四斤麦子。在草地上，粮食就是生命，那点口粮对于大家来说就是"救命粮"。所以每个人都把它看成是宝贝，缝个小布袋装起来，有人还在袋子上绣上自己的名字。行

★ 为民篇 ★

军时背着它,睡觉时枕着它。就这样,大家带着这仅有的一点口粮,踏进漫无边际的草地。

一天,红军战士们在没膝的水草中艰难行进着,突然听到前面有孩子的哭声。走近一看,原来是一位面黄肌瘦的妇女,带着两个孩子坐在路边。大家都在这里停了停,有的从口粮里抓出一把递给那个妇女,有的摸摸早已干瘪了的粮袋含着眼泪走开了……

部队继续前进,大家却突然发现谢益先不见了。正当大家着急的时候,他从后边赶了上来。

大家关切地问他:"你怎么掉队啦,病了吗?"

他沉重地回答:"没有,看那两个孩子来。"

"你认识他们吗?"

"我怎么会认识他们呢。那个妇女说,她是川陕根据地的,亲人们都被国民党杀了,房子也被烧了。她和一些老乡们在红军掩护下才带着孩子逃出了虎口。如今他们断粮了,大人还好说,可是孩子怎么受得了?"

听了他的话,大家心里都沉甸甸的。部队默默地前进着。

从那之后,谢益先有了不寻常的变化。只要部队停下来吃干粮,他就找各种理由躲在一边,等大家吃完,他才露面。问他吃了吗,他总是拍拍肚子说吃饱了。但是时间一长,大家就有了怀疑,后来发现,原来他每次都有意躲避大家,是去找野菜和草根吃,如果没有找到,就干脆喝些凉水。

后来谢益先的身体越来越虚弱,终于走不动了。领导看他跟不上队，就安排了一位副班长扶着他走。在一次宿营时，他躺在地上再也没有起来。临终前，嘴里还喃喃地叨咕："那两个孩子不知怎么样了？"

部队走出草地后，又一次碰到了那个妇女。她带着两个孩子站在路边，手里拿着一条洗得干干净净的干粮袋，上面白线歪歪扭扭地绣着一个"谢"字。她是来还粮袋的。

此时，战友们才知道真相，谢益先早已把自己的"救命粮"送给了这母子三人。在得知谢益先已经因为饥饿牺牲后，那位母亲一下子跌坐在地上号啕大哭起来，她对孩子们说："是红军用命救了我们。"

为了人民，不顾一切；服务人民，奉献一切。谢益先在过草地时，把仅有的一点粮食给了素不相识的妇女和孩子，就意味着他把生的机会留给了别人。如果不是心里装着群众，不是发自肺腑地关心爱护群众，是不可能这么做的。

06 赵进扬：
突围中舍命掩护群众

在河北省邯郸市涉县县城北关龙上大街西侧坐落着一座大型革命烈士陵园，陵园内共安葬着抗日战争时期牺牲的烈士232名。在众多先烈墓中，有一座墓的主人就是在十字岭突围中为掩护群众而壮烈牺牲的原太行五专署专员赵进扬。

赵进扬，原名赵金山，又名赵关儒，1910年出生于今辽宁省昌图县七家子村杨家大沟的一个农民家庭。1929年，赵进扬考入了北平的一所政法大学。读书期间，他清楚地认识到国内外局势的恶劣、国家前途的危殆，遂积极投身到了反帝爱国的学生运动中。毕业前夕，加入了中国共产党。九一八事变后，他曾因宣传抗日两度被捕，后在组织和各方面极力营救下，于1937年6月被释放。

1941年9月，边区政府成立，赵进扬被任命为第五专署专员。当时第五专署下辖5个县，而其中挨着敌占区的就有4个。1942年春天大旱，庄稼无法下种，很多老百姓面临无粮可吃的境遇。为了帮助群众渡过难关，在与时任地委书记王维刚紧急研究后，赵进扬决定向地主借粮，解决饥荒问题。最初第五专署所辖各县的地主都相当吝啬，不愿借粮，他们把粮食放到地窖中，任其发霉变质也不借给老百姓。赵进扬得知这一情况，迅速制定应对措施。他把办事处的同志们安排到辖区各县，组织发动群众开展借粮斗争，不久一场声势浩大的借粮风潮就形成了。地主们见此形势，不由得害怕起来，赶紧把粮食拿出来借给了百姓。在这次借粮斗争中，群众得到了基本的物质保障，顺利地度过了饥荒。

1942年5月，日本纠集了25个大队3000多名伪军，向太行山根据地发动了第二次总攻击。此时，赵进扬正在中共中央北方局学习，随八路军总部和党校学员转战于辽县、偏城一带。日本侵略军行动极为迅速，很快形成了"铁壁合围"，把八路军总部等机关和党校人员围困在了南艾文堡西的十字岭，赵进扬也在其中。在这紧要关头，我党领导机关采取化整为零、分散突围的果断措施，部署班、组、人各自为战，机动灵活地打击敌人，并伺机突围，冲破敌人的合围搜捕。

当时，赵进扬负责掩护一批干部群众撤退，在与日本侵略军激战周旋了几天后，大家转移到了陡背山的老虎窝石洞里隐蔽。一天，赵进扬听到敌人搜山的声音，为了掩护山洞中隐蔽的其他群众，他带着一部照相机、一个公文包和一把短枪，前往洞外探查敌情。当他走出老虎窝石洞几百米的地方时，遇到了埋伏的日军。为掩护石洞中的群众不被发现，赵进扬一边向远离山洞的山上撤退，一面向敌人射击，吸引敌人的注意力。

 ★ 为民篇 ★

听到枪声的敌人，从四面八方赶来，越聚越多，最后将赵进扬包围于一高埠断崖处。面对数倍于自己的敌人，赵进扬毫不畏惧，与敌人展开激战。在子弹打光后，为了不被敌人俘虏，赵进扬选择了跳崖，壮烈牺牲，年仅32岁。

07 马定夫：愿将浩气弥天地

"愿将浩气弥天地，不让金钱累子孙。"这是共产党员马定夫在学生时代探索革命真理时写下的豪言壮语。在抗日战争时期，他用自己的生命践行了自己的诺言。

马定夫，1915年出生，今山西省榆社县人。自幼聪明好学，接受了正规启蒙教育。1929年进入榆社县城高小读书，其间受李大钊、鲁迅等人影响，萌发民主思想。1935年考入北京镜湖高中，同年加入"反帝大同盟"，投身反帝救国运动。1936年加入中国共产党。抗日战争全面爆发后，马定夫弃学从戎，回家乡参加革命。

马定夫是抗日战争时期有名的爱民模范。每到一地，他和他所率领的三十团都要访贫问苦，帮助群众挑水、扫院、担柴、收割庄稼。看到群众生活有困难，就想方设法帮助解决。凡是马定夫和三十团驻扎过的地方，都留下了他们遵纪爱民的故事。

榆社县柳树沟村有个贫农张三货，因胸前长了几个脓疮无法下地劳作，生活非常困难。三十团进驻该村后，通过访贫问苦，马定夫很快了解了这一情况，便亲自登门看望，让团部医生帮助他治病。张三货的八亩地，从种到收的劳作也都由马定夫和战士们包了。对此，马定夫十分感动，病愈后当了民兵，积极向部队提供情报。

1943年，马定夫率部来到太谷县枫子岭村。马定夫住在一户贫农家里，家里的女主人叫武二烈。武二烈的丈夫久病卧床，孩子也都还小，里里外外的活就都压在了她一个人的肩上。为了帮武二烈家减轻困难，马定夫不但替她挑水、做饭、看孩子，还帮她送粪、耙地、收割、打场。感动得武二烈逢人就说："马政委真不愧是八路军的好干部，他替俺们家办的好事真是三天三夜也说不完！"

1943年7月，敌人得到情报，纠集了200多名日伪军从黄卦据点出发，偷袭枫子岭，威胁着十余名群众的生命安全。为掩护群众安全转移，马定夫迅速制订作战计划，并组织部队抗击敌人。他对部队下达战斗命令："同志们，现在情况紧急，我们必须拿下东南面的山头，掩护群众转移。"战斗开始后，他率部与敌人展开血战，直到枫子岭的千余名群众安全转移后，才撤出战斗。他本人却因在激战中腹部中弹，壮烈牺牲，时年28岁。

据当年那场战争的亲历者赵守柱老人回忆说，那时我军在地形不利和敌我力量悬殊的情况下，仍英勇阻击。马政委在掩护群众转移时对指战员们说："有我们就有群众，我们决不能让群众受到鬼子的伤害！"回忆到这里，老人仍激动不已，眼里泛起了眼泪。

马定夫牺牲的消息传到他的家乡后，榆社县人民悲痛万分，纷纷请战，誓为马定夫报仇雪恨，几天时间内迅速组织起120多人的"马定夫复仇连"。为纪念马定夫，他生前所在连被命名为"马定夫爱民模范连"，枫子岭村也改名为"马定夫村"。

一个烈士，就是一座不朽的丰碑；一个英雄，就是一面飘扬的旗帜。斯人已去，但是马定夫英勇献身的事迹和爱民模范精神至今仍在当地传颂。

08 林基路：
新疆人民的"林青天"

他出生于一个律师家庭，家境殷实，有婢女、佣人，却从来不用，而是自己洗衣、整理内务；他从小就勤奋好学，才华出众，本可以长大后选择入仕做官，或者继承父业做律师，但为了追求自己的理想，毅然放弃了优裕的生活，投身到艰难困苦的救国救民运动中；在新疆从事革命活动期间，他一心为民，引起军阀盛世才的恐惧而被秘密杀害。他就是被当地民众称为"林青天"的林基路。

林基路

林基路，原名林为楔，1916年出生，今广东省台山市人。林基路的父亲是有名的大律师，因家境殷实，所以他常常被大家戏称"公子"。对于这个称呼，林基路并不反对，他另辟蹊径地解释说："公子，公子，公众之子，何乐不为。"1935年，林基路加入中国共产党。1937年9月，赴延安，进入中共中央党校学习。在学习期间，他改名为林基路，意为时刻提醒自己要按党的基本路线办事。新疆是林基路从事革命活动的重要地区。1938年2月，受党中央派遣赴新疆工作，先后担任新疆学院教务长、阿克苏行政区教育局局长、库车县县长、乌什县县长等职务。面对新疆极其复杂的革命环境，林基路始终牢记党的宗旨，一心一意为老百姓办好事、办实事。尤其是在担任库车县和乌什县县长期间，林基路采取了一系列建设措施，使当地发生了翻天覆地的变化。

1939年，林基路被调到库车县任县长。上任不久，他就带着一名维吾尔族语翻译转遍了库车县，深入了解当地民众疾苦。一个月后，他开始着手改革弊政。

经认真调查取证，他释放了100多位遭地主陷害的无辜百姓，整顿和处理了县政府70多名横行霸道、欺压百姓的警察。同时他还精简政府机构，提拔了一批有真才实学的政府官员。

他关心人民疾苦，将官吏巧设的20多种苛捐杂税减少为7种。农民开荒，农牧产品全部免税，大大减轻了人民的负担。针对当时在征收田赋过程中出现的库车县征收人员用大斗收粮、任意抛撒粮食、敲诈勒索农民的行为，林基路坚决予以纠正，轻的批评教育，重的惩治法办，一举铲除了过去借征粮坑害老百姓的"硕鼠"。

林基路想方设法为各族人民办实事，还发动群众修大坝。在他的带领下，库车人民从1939年至1940年修建了一座长1200米、高4米、底宽8米的大坝，后被当地百姓命名为"林基路坝"。他还鼓励农民开荒造田，大力发展生产；积极兴办教育事业，建立养老院和孤儿院；等等。

林基路一心为民和真抓实干，以敢于硬碰硬和一抓到底的决心肃清社会毒瘤，深受当地民众的爱戴，被尊称为"林青天"。作为一名共产党员，林基路在库车的巨大影响引起了军阀盛世才的恐惧和不满。1942年，林基路被盛世才软禁，半年后又被投进监狱。同年9月27日，林基路与陈潭秋、毛泽民一起被盛世才秘密杀害，年仅27岁。

人民的"林青天"虽然牺牲了，但永远活在了人民心中。时至今日，新疆还保留着林基路大坝、林基路大桥、基路大道、林基路小学、林基路街等建筑设施，向人们深情述说着这位时刻把群众放在心中的好县长的感人事迹。

09 张思德：
为人民利益而死重于泰山

1944年9月8日，毛泽东同志参加了一名普通战士的追悼会，他不仅亲笔写了挽词，而且发表了题为《为人民服务》的著名演讲。这位被领袖追悼的普通战士，就是张思德。

张思德，1915年4月出生于四川仪陇的一个贫苦佃农家庭，自小受尽人间苦难。1933年，中国工农红军第四方面军来到他的家乡六合坊，他积极报名参加了红军。在部队，他因作战勇猛、屡立奇功，被战士们亲切地称为"小老虎"。

1937年，张思德因在战斗中负伤，被安置在荣誉军人学校（简称"荣校"）。在荣校期间，他因表现突出，被批准加入中国共产党。从此张思德更加严格要求自己，始终以党和人民的利益为先，坚持一切为人民服务的宗旨。

在部队，张思德经常帮助战友编草鞋，补洗衣服，挑水烧火，喂战马，采药防病，站岗放哨。有一次，张思德发现连里一个工作了多年的失语炊事员，走路一瘸一拐，便把他拉到自己屋里坐下，脱下袜子查看，原来他的脚冻裂了好多口子，还

渗着血。张思德二话不说,端来温水给他洗干净脚,涂上猪油,很快就好了。

张思德心里也时刻想着百姓,带头帮助驻地群众生产劳动,收割庄稼、锄草、推磨……啥活都干。一天,外出值勤途中,张思德看到一位老大娘背着一大捆柴,非常吃力。他就立即上前接过柴,帮老大娘背回了家。此后,他还常去看望这位老大娘,帮她干农活,做家务,像对待自己的亲娘一样。还有一次,张思德正吃午饭,屋外传来了凄惨的叫喊声,原来是一只恶狼叼走了孩子。他拿起枪就往外追,为防止开枪误伤孩子,他就只身与恶狼搏斗,最终打死恶狼救回了孩子。

1944年初,张思德响应中央号召,来到当时的安塞县石硖谷办生产农场开荒垦地,被选为农场副队长。秋天来临之时,为解决中央机关的冬季采暖问题,他带领同志们到庙河沟的深山老林烧木炭。当时开窑出炭是一件非常辛苦的工作,炭窑里面温度极高,就像一座焚化炉,人进去一次闷热得就像要脱一层皮。但每次出炭,张思德总是抢在前头。经过一个多月的苦战,张思德和同志们烧炭5万多斤,超额完成了任务。

同年9月5日,天空下着蒙蒙细雨,张思德和同志们仍像往常一样进山开挖新的炭窑。到了林子深处,大家分散在三个地方挖窑,战士小白与张思德搭班一组。临近中午时分,二人负责的炭窑眼看就要挖好了。为了保证质量,张思德正在窑内做进一步的修整,突然几块碎土从窑顶塌落了下来。

"危险,快出去。"张思德边喊边把窑内的小白往洞口推。

随着"轰隆"一声巨响,炭窑塌了下来,被推到洞口的小白得救了,张思德却被埋在里面,壮烈牺牲,年仅29岁。

革命的成功,不仅需要有人在枪林弹雨中冒死冲锋,也需要有人在平凡的岗位上默默奉献。张思德就是这样一个无私的奉献者。正如毛泽东同志在张思德追悼会上所讲:"人固有一死,或重于泰山,或轻于鸿毛。为人民利益而死,就比泰山还重;替法西斯卖力,替剥削人民和压迫人民的人去死,就比鸿毛还轻。"

10 罗盛教：异域冰窟救少年

在寒冬腊月的一天，有一位中国人民志愿军战士，为了救出跌进冰窟里的朝鲜少年，义无反顾地纵身跃入冰冷刺骨的河水中却再也没有上来，用自己的生命为我们诠释了共产党人为人民的另一层含义。他就是一级"爱民模范"、国际主义战士罗盛教。

罗盛教，1931年出生，今湖南省新化县人。由于家庭贫寒，罗盛教只读了一年半的小学就不得不辍学。后来为了有口饭吃，他去道观当过道士，也到叔父家的杂货铺做过帮工。直到15岁时，入省立九师附小，才重获读书机会。1949年罗盛教的家乡获得解放，他抱着保家卫国的赤热之心加入了中国人民解放军。1951年罗盛教响应党的号召，加

罗盛教

入中国人民志愿军赴朝鲜作战。

1951年冬天，罗盛教随部队来到了朝鲜后方一个叫石田里的山村进行休整。在这里，罗盛教与村里的乡亲们结下了深厚情谊。他天天帮老乡挑水、扫院子，过年还给小朋友们理发。而村里的乡亲们也抢着给战士们洗衣衫，邀请战士们一同吃年夜饭。

1952年1月2日，新年伊始，正是朝鲜半岛的隆冬季节，漫天雪地，寒风凛冽。这天一大早，罗盛教便来到部队驻地附近的冰河边，准备练习投弹技术。就在这时，河面上突然传来"咔嚓"一声冰面破裂的声音，紧接着是孩子急促的呼喊声。罗盛教猛一抬头，只见不远处有几个朝鲜少年连哭带叫，正围着河面上一个刚坍塌的冰窟窿急得团团乱转。原来是他们的一个玩伴不小心掉到了冰冷的河水之中。

罗盛教马上向出事地点奋力飞奔过去，边跑边脱下棉衣，面对冰冷彻骨的河水毫不犹豫地纵身跳了进去。罗盛教先是摸了个空，钻出水面，浑身冻得青紫，再深吸一口气后，又钻了下去。几经摸索，好不容易找到了落水的少年，罗盛教使出全力将他托出了水面。落水少年露出水面后，双手乱抓，半天才抓住冰窟窿的边缘。可是，冰窟边缘的冰面太薄，根本无法承受住落水少年的体重，很快两人又跌入水中。

第一次，第二次，第三次……几番努力，落水的少年始终都没能成功上岸。而此时，冰河中的罗盛教体力已近极限，四肢也变得麻木僵硬起来。但他仍顽强地再一次沉到水底，拼尽

 ★ 为民篇 ★

最后一丝力量，终于将落水少年推到了冰面上，成功将其救出。这个被救的少年叫崔莹，后来成长为朝鲜人民军中的一名高级指挥官。而罗盛教却再也没有露出水面，壮烈牺牲，年仅21岁。

闻讯赶来的朝鲜石田里人民合力凿开了冰面，找到了罗盛教的遗体。他们像失去亲人一样，悲痛万分。为了缅怀罗盛教的舍生壮举，他们再三向连长和指导员说："罗同志为了救我们的孩子牺牲了，请你们把他的遗体交给我们，让我们按照朝鲜当地最隆重的礼节安葬他吧！"连长和指导员答应了这一要求。出殡那天，全村男女老少都走出了家门，送别这位来自中国的英雄。朝鲜劳动党主席金日成了解此事后十分感动，他亲笔为罗盛教烈士纪念碑题词："罗盛教烈士的国际主义精神与朝鲜人民永远共存。"

11 雷锋：把生命投入到为人民服务之中

"人的生命是有限的，可是为人民服务是无限的，我要把有限的生命，投入到无限的为人民服务之中去。"这是雷锋常挂在嘴边的一句话，这个生命最终定格在 22 岁的年轻人，用全心全意为人民服务的信念和大公无私的精神弹奏出一曲短暂却嘹亮的人生赞歌。

雷锋原名雷正兴，1940 年出生于湖南望城。他是一个苦命的孩子。他自幼受尽旧社会的压迫，父亲在抗日战争中壮烈牺牲，母亲在惨遭凌辱后含恨自尽，孪生同胞兄弟在苦难生活中不幸夭折。孑然一人的他在党和人民的关怀中长大，也是党和人民将他从苦难中解救出来。因此雷锋对党和人民始终怀有深厚的感情。他是一名共产党员，他也始终以"对党、对人民要忠诚老实，永远忠于党、忠于人民"来约束和要求自己。

雷锋始终秉承一颗为民服务之心，把人民群众的苦难铭记心间，对待同志犹如春风拂面，把方便让给别人，自己却甘当"吃亏的那个人"。他会义务帮战友学习文化知识、学习各种技

★ 为民篇 ★

术；他会给陌生的贫困群众买车票助其回家；他身体有恙却仍然坚守在抗洪抢险一线；他冒雨将棉被抢盖到工地的水泥上；他在春节会主动去候车室为旅客服务……他时时处处都以党和人民的利益为重，把毫不利己、专门利人当作是人生莫大的幸福和快乐，真正做到把有限的生命投入到无限的为人民服务中去。

"雷锋出差一千里，好事做了一火车。"这是人民群众对雷锋的赞誉，足见他是如何把服务人民群众这件事做到无微不至的。在他的日记中，曾经就记载了这样一则故事：6月上旬，因公务出差，需要坐火车从沈阳回抚顺。凌晨5点左右，本该是上车的时间，雷锋背着背包刚要走近火车站的天桥，突然发现一位白发苍苍且背着大包袱的老大娘很吃力地爬楼梯。雷锋于是就急忙跑过去，二话不说主动帮老人家背起了包袱，并搀扶其登上火车。也许是由于刚才背着包裹的缘故，老大娘累得满头大汗，站在火车车厢连接处歇了好一段时间，说道："好孩子，大娘忘不了你呀！"雷锋见火车上人很多，于是就将自己的座位让给老人家，自己则站在老人家身旁。不一会儿，火车要发车了，雷锋由于没吃早饭，肚子有些饿，于是拿出了在等车时买的两个包子，自己吃一个，送给老大娘一个。老大娘接过包子后，直夸："你这个当兵的，真好，我见到儿子叫他写信给你们首长……"老大娘说自己是从山东来的，打算到抚顺去看望儿子，但还不知道儿子的住处。雷锋于是询问是否有地址，可以帮她看看，老太太掏出一张封信似的纸张，上面写着"抚顺高××信箱第四宿舍"。雷锋并不知道这个地方，但为了使老大娘安心，雷锋告诉大娘不要着急，下了车会帮大娘去找。列车到达抚顺站，雷锋先将自己的背包寄存在车站服务台，然后背上老大娘的包袱，就领着老大娘四处打听去"抚顺高××信箱第四宿舍"的路，就这样边走边问路，终于在3个小时后找到了老人的儿子。

这就是雷锋，平平常常坐个火车，他也能随时地做好事，积极主动服务于人民。雷锋常说他活着"只有一个目的，就是做一个对人民有用的人"。1962年8月，雷锋不幸殉职。

习近平总书记在出席十二届全国人大二次会议解放军代表团全体会议时曾说过："雷锋精神是永恒的，是社会主义核心价值观的生动体现。"处于新时代的我们，也应学习并弘扬"雷锋精神"，做一个时刻心系人民、始终为人民服务的人。

12 谢臣：爱人民胜过自己

"看人民高于自己，学人民改造自己，爱人民胜过自己，为人民舍得自己。"北京军区某摩步旅"谢臣班"的战士每周一的清晨都会聚集在谢臣塑像前，大声呼喊象征谢臣爱民精神的四句格言，向"爱民模范"谢臣宣读誓言。

谢臣，回族，1940年出生，河北省易县人。1960年3月，谢臣应征入伍，先当炮兵，后当炊事员，不久又调任某部三营炮兵连驭手。进入部队后，在党的教育下，谢臣思想觉悟不断提高。他在日记中曾这样写道："毛主席要我们学习白求恩'毫不利己、专门利人'的精神。我响应毛主席的号召，做一个'利他主义者'，这就是我的理想和志气。"他常说："我们是人民的子弟兵，凡是对人民有利的事，就应该多做，自觉地做。"谢臣不仅是这样说的，也是这样做的。

1963年8月初，一场大暴雨袭击了河北省石家庄、保定、邢台等地，其强度之大、范围之广是河北自有水文记录以来从未有过的。持续的强降水导致部分地区发生了严重的洪涝灾害，威胁着当地人民群众的生命和财产安全。7日,谢臣随连队到易县东高士庄抗洪抢险。他们冒着狂风暴雨,一家一户上门做说服动员工作,组织群众尽快往山上转移。他们搀扶着老人、背着年幼的孩子,与湍急的洪水不断展开竞赛,一次又一次成功地把乡亲们送到山上的安全处。经过一天一夜的连续奋战,他和战友先后救出450多名被困群众,转移2000多名群众和大批集体财产。

在转移过程中,很多群众的衣服都被雨水打湿了。年轻人还好,多病的老人和年幼的孩子穿着湿透的衣服根本忍受不住,冻得瑟瑟发抖。谢臣看到后十分心疼,遂决定返回村子帮大家找些御寒的衣物。不巧的是,他刚到村里,山洪突然暴发。这时离谢臣不过几米远的地方就有一个小山丘,他只要迈过去几步就可以安全上山。但是一想到连部还有很多未来得及上山的群众和战友,他立刻飞奔回去赶紧报信。

就在折回的过程中,汹涌而来的山洪一下子把谢臣卷进了激流。当他奋力浮出水面后,突然发现不远处村子的一名女村民正在洪水里挣扎。面对狂涛巨浪,谢臣顾不得个人安危,迅速冲入激流中抓住了她的衣服,拉着她艰难地往岸边游去。可是水流太过湍急,拉着一个人很难上岸。谢臣便用双手托住她,使出全身力量,再三努力后,终于把她推上了岸。紧接着一个激流,谢臣自己却又被洪水冲离了岸边。几近用力,他勉强摆脱了激流冲击,游到水势平稳处,即将脱险,突然他听到身后又传来了呼救声。谢臣顾不得喘息,挥开双臂,向呼救的落水

女童游去。在救出最后一名群众时，终因精疲力竭，英勇献身，年仅23岁。

等洪水退后，搜救队在距事发地600米外的于家堰找到了谢臣的遗体。这位年轻战士的牺牲，让在场群众无不悲痛和惋惜。出殡那天，附近村庄的上千名群众自发前来和部队官兵一起为英雄谢臣送行。

1964年，国防部追授谢臣"爱民模范"荣誉称号，命名谢臣生前所在班为"谢臣班"。半个多世纪以来，部队驻地移防到哪里，那尊谢臣塑像就矗立在哪里。他的精神激励着一批批官兵矢志强军，爱民为民。

13 欧阳海：
危急时刻力大推惊马

为了救人，他下过深井，钻过火海，人家感激他，他反而局促不安地说："不这样，我心不安呢。"当受惊的军马与疾驰而来的火车即将相撞，眼看一场车翻人亡的事故就要发生时，他又挺身而出，为挽救整列火车旅客的生命而壮烈牺牲，他就是欧阳海。

欧阳海，1940年出生，湖南省桂阳县人。从小就赶上兵荒马乱年月的欧阳海，尝尽了人间酸苦。他的父亲重病缠身，一家全靠大哥劳动艰难度日，不久大哥被抓了壮丁。8岁时，尚且年幼的欧阳海便挑起了家庭的重担。1949年，人民解放军来到了欧阳海的家乡，把他

欧阳海

们从水深火热中解救了出来，这让欧阳海第一次感受到了人间的温暖。1959年，欧阳海应征入伍，成了一名光荣的人民解放

 ★ 为民篇 ★

军战士。

到了部队，欧阳海以董存瑞、黄继光等英雄模范作为学习榜样，严格要求自己，工作积极主动。他对党和人民事业有着高度的责任感和使命感，随时准备为了党和人民的利益献出自己的一切。

1963年，欧阳海回家探亲时，家乡东山大队的一个小姑娘不小心跌进井里。欧阳海跳进冰冷的水中，救起了孩子，而自己多处碰伤，冻得失去知觉。又一次，一位村民家意外失火，不巧的是当时大家都下地干农活去了。欧阳海看到后第一个赶到，先把屋里的老人背出，又进去灭了火。救火过程中，他的手背被烧伤了。回到部队，首长问他手是怎么伤的，他说是不小心烫的。

1963年11月，欧阳海所在连队外出野营。临出发前，作为党小组组长的欧阳海召集了党员会，要求大家："在困难的条件下，应挺身而出，对群众纪律应带头执行。"

11月18日清晨，部队按照既定路线冒雨行军。在经过铁路轨道时，一列由广州开往武汉的282次客车鸣着长笛呼啸而来。霎时间，山谷轰鸣，土地颤动。然而让人意想不到的一幕发生了，列车驶近时，一匹胆小的战马受惊挣脱缰绳，驮着炮架，疯狂地蹿上铁道，横在中间，一动不动。

此时列车越驶越近，制动根本来不及，50米、40米、30米……受惊的军马依然纹丝不动，一场灾难眼看就要发生。

危急时刻，欧阳海迅速冲了出来，抢在火车到来之前，奋力将受惊的军马推离了铁轨。险情解除,火车安全地行驶了过去,车上旅客的生命和财产安全保住了。然而不幸的是,欧阳海在推军马的过程中,因来不及躲闪,被疾驰的火车卷倒在铁轨边上,身受重伤。

随后赶到的副班长曾阶锋和战士李甫生把欧阳海紧紧地抱在怀里,不断地呼唤着他。稍微恢复些知觉的欧阳海慢慢地睁开了眼睛,看了看亲如兄弟的战友,又看了看转危为安的列车,嘴角露出了一丝微笑,安心地离开了这个世界,年仅23岁。

什么是对一个人的最大考验?是危急关头的生死抉择。在这个考验面前,欧阳海用自己的生命,向党和人民交了一份优秀答卷,践行了其人生格言:"如果需要为共产主义的理想而牺牲,我们每一个人,都应该也可以做到脸不变色心不跳。"

14 赵尔春：
保护人民生命财产安全的烈火英雄

半个多世纪前，温州市上岸街突然发生火灾，正当人民的生命财产安全受到威胁时，有位解放军战士奋不顾身扑向了火海进行抢救，最终不幸壮烈牺牲。他就是海军某部战士赵尔春。

赵尔春，1941年出生于浙江临安的一个贫农家庭。1957年夏，进入潜川初级中学高小班读书，学习刻苦，关心集体，常以董存瑞、向秀丽等英雄为榜样。1959年3月的一天，学校附近的紫水溪发洪水，冲走了当地供销社堆放在校门前的部分药材。赵尔春发现后，奋勇跳进了洪水中，将药材抢救了回来。

赵尔春从小就非常敬仰解放军，渴望长大以后也能成为一名解放军战士。1960年夏，征兵消息刚一公布，赵尔春迫不及待地连续两次报名应征。他的行为得到了父亲的支持，也感动了征兵干部。当年他如愿以偿成为一名中国人民解放军海军战士。就在入伍的前几天，他加入共青团的申请也得到了组织上的批准。1962年，赵尔春调到温州海军水警区当电话守机兵。之后由于工作需要，赵尔春在部队又多次调动工作。每次他都服从分配，无论在什么岗位上，都兢兢业业地干好本职工作，从不计较个人得失。他说："只要对革命有利，干哪行都行。"1963年被评为"五好"战士。

1963年12月27日傍晚，温州市东门上岸街接待寺巷居民住宅区发生特大火灾。火警从四面八方响起，救火的人群也蜂拥而至。当时赵尔春和其他官兵正在温州军分区礼堂看电影。听到有火警，大家立即奔赴火灾现场。火场周围挤满了围观的群众，赵尔春无法直接进入现场，便急中生智转身从海坛山上攀绕过去。当他到达失火地点时，火势已蔓延到新码头小学礼堂，周围有国家的仓库和密集的民房，再不控制，后果不堪设想。当时小学礼堂内堆满了教具，要想阻止大火的进一步蔓延，只有迅速转移里面的东西。

这时，上尉军官肖福生大声命令在场官兵："同志们！快去抢救前面的楼房，切断火源！"

赵尔春听到命令，立即加入了切断火路的工作。他不顾一切地冲进楼房，在楼房下层抢搬物资，一次又一次……而楼上不断有瓦片、砖头、木桩掉下来。

"房子要塌了，不能再进去了！"在场的人都提醒他。

赵尔春心里也非常清楚这点，可是，火路没切断，险情仍然存在，他毫不犹豫地又返身冲了进去。突然，房顶上塌下一堆砖梁把赵尔春砸倒，头部负重伤，经抢救无效，光荣牺牲。

赵尔春为扑灭火灾而献身，为表彰他的功绩，国防部追授其"爱民模范"称号，并命名赵尔春生前所在的海军某部通信

 ★ 为民篇 ★

站电话守机班为"赵尔春班"。50年来,一批批"赵尔春班"战士都在自觉传承和弘扬着英雄的精神,用实际行动践行着"赵尔春精神"。

15 金遗华：
爱民尽在无私间

位于铁岭河的某部侦察连四班的门上，挂着一方闪亮的牌子。每次班里搞卫生，战士们总是先把这块牌子擦得更加闪亮。走在这块牌子下，战士们都会不自觉地昂起头、挺起胸，更加规范自己的一言一行，他们说："老班长看着我们呢！"战士们口里的"老班长"说的就是金遗华，这块让战士们引以为豪的牌子上写的就是"金遗华班"。

金遗华，朝鲜族，1940年出生于黑龙江阿城的一个贫苦人家。出生那年，父亲金世东去世，临终前为其取名"遗华"，让他作无愧于中华的儿女。14岁时，母亲病逝，好心的叔父收养了他，并将他抚养成人。1960年，征兵工作开始了，一直想当人民解放军的金遗华积极报上了名，最终如愿以偿。

贫苦农民家庭的出身，再加上苦难生活的遭遇，使得金遗华从小就对人民群众有着亲近感。参军入伍以后，金遗华更是无论身在何处，都始终牢记爱民宗旨，保持着对人民群众的无限热忱。他常说："人民的需要就是命令。"他走到哪里，好事

 ★ 为民篇 ★

就做到哪里。

有一次,金遗华到哈尔滨出差,坐火车返回牡丹江。火车上旅客很多,拥挤不堪,不仅车座上坐满了人,就连过道都站满了人。当火车经过阿城站时,一位年过花甲的老大娘好不容易挤了上来,穿过人群,站在了金遗华的座位旁。金遗华赶忙起身,让老人坐在了自己的座位上。之后他一路站到了牡丹江站,近6个小时。其间,金遗华还热情地照顾老人,帮助她打开水、买食品、提东西。到站时,老大娘拉着他的手,感激地说:"不愧是解放军,处处为俺们老百姓着想,谢谢你啦!"

1962年秋,金遗华随连队外出执行割马草任务,住在了一个村庄上。在与村民的密切接触中,金遗华发现庄里有户军属,家里只有年迈的老大娘和一个年幼的小女孩,俩人生活非常不容易。金遗华认为帮助军属排忧解难是义不容辞的责任,于是他便经常抽时间去帮助老大娘干农活、做家务。一次,在帮老大娘干活时,突然下起了雨。金遗华赶紧进屋躲雨,可还没一会儿,屋顶"滴答滴答"也漏起了雨。金遗华看在眼里,记在心里。以后每次割草,完成任务后他再多割两捆捎回来。战士们知道他的用意后,也一起照做。没几天工夫,就割了两千多千克草。等草晒干后,金遗华和战友们便利用休息时间去帮老大娘修房子。老大娘见来了这么多解放军,感动得热泪盈眶,再三地说:"我要写信告诉孩子,叫他听党的话,像你们一样好好干!"

1964年3月11日晚,班长金遗华在四班宿舍里正给战士们做工作小结,只听外边有人大喊:"着火了,快去救火!"金遗华听到后,立即带领全班同志跑出宿舍,迅速向火场奔去。到达火场后大家发现,原来是牡丹江搪瓷厂的烘烤车间着火,整个厂区被浓烟和火光笼罩。

"四班跟我来!"金遗华大喊一声,率先冲进火场。为了抢救国家财产,他连续三次奋不顾身地冲入了浓烟烈火中。最后一次进入时,屋顶突然开始坍塌,他果断指挥全班迅速撤离,自己留在最后。金遗华转身再一次招呼屋里是否有人时,发现里面还有个工人没来得及撤离。情况紧急,容不得片刻等待,他不顾个人安危,立即扑入险境将工人推出,自己却被塌下的房梁砸倒而牺牲。1964年4月,国防部授予他"爱民模范"称号,所在班被命名为"金遗华班"。

最严峻的考验,莫过于生死瞬间。金遗华为抢救国家财产和人民的生命而牺牲,用生命谱成的颂歌永远流传。

16 焦裕禄：
亲民爱民、无私奉献的人民公仆

他在这个世界上只生活了短短的42年，却感动了一代又一代中国人；他访贫问苦，关心群众，用双脚丈量了兰考的每一寸土地；他带领干部群众封沙、治水、辟田，为人民造福。他就是人民的好公仆焦裕禄。

焦裕禄，1922年出生在今山东省淄博市博山区的一个贫苦家庭。因家庭贫困，他幼年只读了几年书就参加了劳动。1946年，表现积极的焦裕禄加入了中国共产党。1950年，被任命为尉氏县大营区区委副书记兼区长。1956年，在洛阳矿山机器厂担仟车间主任、调度科长等职。在此期间，焦裕禄患上了肝病。1962年冬，怀着改变灾区面貌的雄心壮志，焦裕禄来到了兰考，先后任县委第二书记、书记。

兰考县地处豫东黄河故道，是个饱受风沙、盐碱、内涝之患的老灾区。1962年，也就是焦裕禄初到兰考县的那一年，正是这个地区"三害"最严重的时刻。为了尽快了解灾情及受灾原因，到兰考县的第二天起，焦裕禄就深入基层调查研究。他带领工作组逐户走访，了解情况，宣传政策。困了就睡在村民的草庵子里，累了就蹲在牛棚里，饿了就与村民同吃。就这样，在一年多的时间里，焦裕禄拖着患有慢性肝病的身体，跑遍了兰考县140多个大队中的120多个。通过深入群众，他学到了不少防治"三害"的办法，总结了不少可贵经验。

除"三害"的斗争打响后，焦裕禄身先士卒，以身作则。大雨瓢泼时，他带头去察看洪水流势；风沙肆虐时，他带头去查风口，探流沙。不论平时工作多忙，他总是坚持参加集体劳动。他经常开襟解怀，挽起裤腿，和群众一起干活，翻地、封沙、挖河渠……就在县委决定让他住院的前几天，他还在地里挥舞着铁锨。

焦裕禄的心里装着全县的干部群众，唯独没有他自己。一个冬天黄昏，风雪铺天而至。焦裕禄望着窗外，心里不由得惦记起百姓：住的怎么样？吃的、烧的有没有困难？这天风雪刮了一夜，他屋里的灯亮了一夜。第二天天刚蒙蒙亮，焦裕禄立马召集干部开会，他说："在这大雪拥门的时候，我们不能坐在办公室里烤火，应该到群众中间去。共产党员应该在群众最困难的时候，出现在群众面前，在群众需要帮助的时候，去关心群众、帮助群众。"说罢，带着大家就出发了。这天，焦裕禄顶风冒雪，忍着剧烈的肝痛，走访了九个村子，探望了几十户群众。

1964年春，正当兰考人民除"三害"斗争进行得如火如荼时，焦裕禄的肝病也愈发严重。病情发作时，他经常痛得直不起腰，甚至连笔都拿不住。开会、做报告时为了缓解疼痛，他

就用右膝紧紧顶住肝部。即便这样,他仍然坚持工作、下乡,直到入院。

1964年5月14日,焦裕禄因肝癌病逝,年仅42岁。1966年,河南省人民政府追认焦裕禄同志为革命烈士。2009年焦裕禄被评为"100位新中国成立以来感动中国人物""最美奋斗者"称号。

为官一任,造福一方。焦裕禄身体力行诠释了共产党人亲民爱民、艰苦奋斗、科学求实、迎难而上、无私奉献的精神。无论过去、现在还是将来,焦裕禄精神都永远是亿万人民心中一座永不磨灭的丰碑。

17 刘英俊：
舍己救人的"雷锋式共产主义战士"

在吉林省长春市的第十八中学，每当新学年开学的第一天，这个学校都要开展"英俊日"活动。在这一天，全校师生们集会在一起，共同重温刘英俊烈士的事迹，借以表达对这位英雄深深的缅怀与崇高的敬意。

刘英俊，1945年生于吉林，在15岁时进入长春市第十八中学接受教育，17岁时加入人民解放军，成为原沈阳军区某师重炮连的一名解放军战士。

刘英俊18岁时，恰逢国家发出向雷锋同志学习的伟大号召，刘英俊沐浴在党的教育下，感受颇深，他的日记中记录了他学习的心得："一个人无论是活多长时间，他的死，只要是献给党的壮丽的共产主义事业，那就是无限光荣的，有价值的。雷锋能，我也能。"

刘英俊一心向党，时刻以雷锋为榜样，勤奋训练、善于钻研、乐于助人，在"学习雷锋精神"的过程中做到了知行合一。在连队里，他是一名"兼职修理员"，连队的桌椅板凳、门窗玻璃、锅碗瓢盆之类的日常物品凡是"磕着""碰着",他都积极主动前去维修,并且经他修理之后的物品几乎和"破损"之前一模一样。在部队驻扎的当地,刘英俊还义务兼任了附近小学的"校外兴趣老师",一有空余时间,刘英俊总是去"义务支教"。教授知识之外,他还拿自己的生活津贴给当地学校购置了许多宣扬革命英雄主义人物事迹的故事书籍。

1966年3月15日,佳木斯市区郊外,刘英俊和他的战友们奉命驾着3辆拉着炮的马车在执行日常训练任务。当马车即将接近一个公共汽车站的时候,刘英俊所驾驭的马匹受到了汽车喇叭声的猛然惊吓,不受控制地向人群飞奔而去。正在此时,有6名儿童被吓得不知所措,更要命的是马车与他们已近在咫尺。千钧一发之

刘英俊

际,刘英俊用尽全力将缰绳在胳膊上捆了数道,用劲向后拉扯,爆发出的力量竟让惊马的前蹄腾空而起。他大喝着,全不顾惜个人安危,马应声而倒,马车停下了,孩子们顺利脱险。被压在车底的他,在意识清醒的最后一刻还不忘向孩子们露出一个微笑。最终刘英俊因伤势过重,抢救无效,光荣牺牲。这位英勇的青年永远定格在了21岁。

刘英俊牺牲后,所在部队追记其为一等功、中国共产党正式党员。中国人民解放军总政治部向全军发出了"向刘英俊学习"的号召,战士们仿佛看到了刘英俊与雷锋同志比肩而行的背影。

如今,刘英俊原住址所在地区早已更名为"英俊社区",社区的杨淑洋书记这样讲道:"刘英俊烈士的精神始终鼓舞着我们前行,我们需要刘英俊烈士那样为人民服务的大爱,在平凡的工作岗位上甘于奉献、勇于担当!"

18 | 盛习友：
为人民做一辈子好事

在合肥市区的西南方，有一条马路叫"习友路"，它横贯4个区，全长近20千米，呈东西走向，是合肥市最长的一条交通干道。当问及这条路名的来历时，恐怕绝大多数人都不太清楚。其实这条路是以一个牺牲时年仅25岁的合肥籍烈士盛习友的名字命名的。

盛习友，1945年出生于今安徽省肥西县的一个贫农家庭。和旧社会的劳苦大众一样，盛习友一家也过着食不果腹、衣不蔽体的生活。由于家庭生活无济，父母百般无奈之下只能将他刚满两个月的妹妹卖掉。不久，盛习友的父母也因贫苦生活的煎熬，早早去世了。

1949年1月，肥西地区解放，盛习友进入了学校读书。1958年的一天，他和几位同学一道去上学。他们边走边聊，突然传来了呼救声。盛习友听到后，慌忙迎着呼救声的方向快速跑去，只见一位小同学正在水塘里挣扎。他衣服也顾不得脱，一个猛子扎入水中，把那位小同学救上岸来。救人的事情很快传开，村里的乡亲和学校的老师都夸奖好样的，他只是微笑一下说："见到别人落水，我怎能不去救。这是件应该做的事，不值一提。"

1964年，盛习友参军入伍，被分配到了济南部队某部"鸡雄山阻击战斗英雄连"。在连队，他努力学习，刻苦训练，处处从严要求自己。军事上，他样样过硬；国防施工中，苦活、累活、险活、重活他争着干；出现险情，他也总是冲在前。一次，盛习友和战士夏学军两人在炮响之后，冒着危险进入坑道检查险情。就在夏学军排除一块险石时，坑顶的一块大石块被震动，眼看就要掉下来。盛习友不顾个人安危，推开了正在工作的战友夏学军。夏学军脱险了，而他自己却被砸晕了过去。

盛习友不光在连队做好事，他还经常关心群众、帮助群众。盛习友对人民群众的满腔热情是付诸在一件件小事之上的。他看到75岁的孤老李大爷家里锅坏了，就买了口新锅送给他；看到农民王大爷棉衣单薄，就送新绒衣、新棉帽给他；邹玉兰大娘生病，他请医煎药；大雪封门时，购买柴火送到"五保户"家里；购买理发工具，义务为群众理发……他走到哪里，就把为人民服务的好事做到哪里。

1969年7月17日，章丘县胡山公社兴隆大队的9名女村民正在地里锄玉米。下午5时左右，突然狂风大作，乌云翻滚，霎时倾盆大雨从天而降。几名女村民见势赶紧往家跑，在从田间回村的路上，正走在巴漏河中间，巨大的山洪奔腾而下，把她们卷入了激流里。

★ 为民篇 ★

山洪暴发时,盛习友和战友们正在附近的高山工地上施工。听到有呼救声从山脚下传来,盛习友闻声向山脚下眺望,看到几名女村民在河中遇险。他大喊一声"快跟我来",就和几名战友向山下飞跑而去,纵身跃入激流救人。盛习友和战友以及当地的群众一起,很快救出了6名村民。之后,他又冲入激流中,抓住了女村民李凤兰。此时,激流已将他俩冲到一座洪坝前,在巨大的漩涡中,盛习友奋力将李凤兰托出水面推到岸边,使其被岸上的群众救上去。岸上的群众纷纷伸出锄头,要盛习友拉锄把上岸。可是水中还有两名女村民需要营救,盛习友又转身向激流冲去。此时,一个恶浪打来,盛习友被洪水吞噬,壮烈牺牲,年仅24岁。

1971年5月24日,经毛泽东主席亲自批准,中央军委授予盛习友"爱民模范"荣誉称号。"跟毛主席干一辈子革命,为人民做一辈子好事",这是盛习友在日记中的一句话。最终,他用年轻的生命践行了自己的初心和使命。

19 | 张富清: 拂却功与名，为民守初心

在部队，他保家卫国，不怕牺牲，屡立战功；在地方，他数十年如一日，竭尽所能，担当奉献，为民造福，把一生奉献给了贫困山区。他就是60多年深藏功名，一辈子坚守初心、不改本色的"共和国勋章"获得者张富清。

张富清，1924年出生于今陕西省汉中市洋县的一个贫农家庭。1948年3月，参军入伍，成为西北野战军三五九旅七一八团二营六连的一名战士。之后随部队南征北战，参加过壶梯山、东马村、临皋、永丰等大大小小多场战役。每次战斗，他都任突击队员，身先士

张富清

 ★为民篇★

卒,不怕牺牲,立下赫赫战功。他曾先后荣立特等功1次、一等功3次、二等功1次,两次获"战斗英雄"称号。

1955年,张富清所在部队面临调整,要去地方支援经济建设。他积极响应上级提出的到边疆、山区去支援祖国建设的号召,主动选择到湖北最偏远、最艰苦的来凤县工作。脱下戎装的张富清用一块红布把自己用生命换来的立功书和勋章全部包起,锁进了皮箱。从此,深藏功与名,扎根大山,为民造福。

初到来凤县时,张富清在县粮食局任副局长。他忘我工作,几乎天天加班,很少能按时回家吃饭。

20世纪60年代,张富清调任湖北省来凤县三胡区副区长。刚开始开展工作时,群众不买账、不认可。为了能够取得当地百姓的信任,他想了一个办法,找了一家生活最困难的家庭入驻,白天和大家一起劳动,下地栽红薯、种苞谷,晚上开完会给社员挑水、扫地。张富清这样说:"干群关系密切了,工作就好开展了。"

20世纪70年代,卯洞公社班子成员分配工作片区。时任公社革委会副主任的张富清抢先选择了最偏远的高洞片区。那里深居大山,不通路、不通电,非常落后。张富清想百姓之所想,急百姓之所急,下定决心,要为当地修一条路。50多岁的张富清和社员一起抢大锤、打炮眼,肩挑背扛,经过120多个日夜的奋战,硬是从岩壁上活生生凿出一条路来,圆了当地群众的公路梦。

1979年夏,55岁的张富清回县城任外贸局副局长。两年后，他调到建行来凤县支行工作，担任牵头副行长。当时来凤县支行只有5个人，借用外单位一间土瓦房办公，资金更是困难。摸清情况后，张富清一方面狠抓学习，提升职工的业务能力，调动大家的工作热情；另一方面积极改善职工的实际困难，想办法解决职工办公室和宿舍问题。当时正逢建行"拨改贷"改革，行里最大的贷款户就是来凤县田坝煤矿。张富清经常去煤矿了解生产销售情况，常给企业出谋划策，由他放出的贷款，没有一笔呆账。

1985年1月，张富清站完最后一班岗，从建行来凤支行副行长岗位上离休。60多年来，张富清一直将赫赫战功埋藏在心底，就连家人也不知道。2018年，国家开展退役军人信息登记，张富清的事迹才被人发现。

从群众中来，到群众中去。心中无我，付此一生。这就是战斗英雄张富清在工作岗位上向党和人民交出的答卷。在山区数十年，调岗5次多，他都兢兢业业，苦干实干。他的眼中，永远是脚下那片土地，他的心中，永远装着人民。

20 叶连平：
留守儿童的"摆渡人"

"我希望呼出的最后一口气，是在讲台上。"90多岁的叶连平念念不忘的还是留守儿童。

认识司徒雷登、巴特沃斯，也见过宋子文、孙科、白崇禧，还跟宋美龄握过手，1928年出生在山东青岛的叶连平，1940年随父亲去上海读初中，18岁时，随父亲到美国大使馆做勤杂工。在这段时间里，叶连平学得一口流利的英语。后来，他和几位居民合伙开办了夜校做扫盲工作，又在江苏南京的一所小学里一直工作到1955年。

在那个特殊的年代，叶连平被怀疑是"美蒋特务"，被命令离开南京。颠沛流离中叶连平来到了安徽省马鞍山市和县的卜陈镇，这里的农民收留了他。"到任何时候，我都忘不了这份情谊。"叶连平说。

1978年，因为人员安排调动，和县卜陈中学有一个毕业班连续一个月没有老师来上课，在偶然的机会之下，经人介绍，当年已经50岁的叶连平重新回到了自己热爱的讲台，成了一名老师。

为了更好地辅导孩子们,叶连平打着煤油灯,亲自前往村子里辅导学生们学习,发现学生成绩下滑了,他就上门家访,了解情况。在那个年代,他带的第一届毕业班有11人考上了中专,比另一个毕业班多了9个人。

1991年,63岁的叶连平退休了。那天,他讲完最后一节课,捧着教材和参考书,还有节约着使用的两个黑板擦,交回了教导处。他舍不得孩子们,舍不得三尺讲台,他不愿离开他的学生。

即使退休了,叶连平也很少休息,附近小学如果有老师请假了,会找他代课,短则几天,长则几年,哪里有需要,喊他一声他一定会去。他觉得这是在给他补偿的机会,补偿自己没有能够教书的那些时光。在年富力强的时候,自己被学校扫地出门,整整23年的美好时光没有用在自己热爱的教育上,现在终于有了机会可以弥补。

除了给学校里的孩子们上课,叶连平还牵挂着其他学生。他发现一些农村的孩子因为接触英语晚,学习能力较弱,容易产生厌学情绪。2000年,叶连平开始在自己家里开设英语课堂,给留守儿童补习英语,30平方米的旧屋子挤满了前来补习的孩子。

直到现在,叶连平还住在从前的那个30平方的旧平房里,无儿无女,和老伴过着清贫但充实的生活。为了村里的留守儿童,他拿出了每个月3000多元的退休金,先后花光了自己30万的积蓄,经常自费组织孩子们到南京、合肥等地参观科技馆、

博物馆等。为了方便家住得远的孩子上学,叶连平干脆就留学生在自己家,包吃包住。这么多年,在叶连平家吃住的孩子一直没有间断。

叶连平常常说:"我 92 岁了,必须和时间赛跑,才能多教些孩子。"这是叶连平自我鼓励的话,是一位老师一心为民的话,也是一个老党员对留守儿童做出的承诺。

21 申传兴：
用生命诠释党员的为民初心

"申老虽然已经离开我们，但是他的精神还在深深影响着我们。在工作的时候遇到了难题，不知道该怎么干了，一想想申老，浑身就有了干劲，心里也有了标杆。"丹东市振兴区标牌小区时任党支部书记曾庆梅曾这样评价申传兴。

1987年，60岁的申传兴离休了。在离休后，他谢绝了颐养天年的机会，也谢绝了高新返聘的机会，以"离休不离党"的精神，再次上岗，担任丹东凤城市石桥街道北山委居民组长、振兴区头道桥街道三街社区标牌小区党支部书记。在岗的近30年里，他践行着不断学习、奉献人生的行动准则，坚守在离老百姓最近的地方，争当党和政府与人民群众沟通的桥梁纽带，长期义务宣讲党的创新理论，积极传播党的思想和主张。

申传兴，1929年1月出生，1990年6月入党。在申传兴心中，爱党忠诚、为民服务是人活一生的意义。评价政绩的标准，应当是百姓过得幸不幸福。申传兴虽然年纪大了，但是依然腿脚勤快，办事能力也特别强，他乐于奉献，甘愿付出。"你跟他

 ★ 为民篇 ★

在一起,他不讲别的,就是工作、学习,怎么为群众服务。他做的好事太多了,几乎是最难解的问题,在他有生之年都解决了。"群众这样说。

申传兴在上岗第二天,就带领支委利用一周时间,走访了103户居民,归纳出了暖气不热、房子漏雨等15项亟待解决的难题。在标牌小区工作的20多年里,他凭借不怕麻烦、不怕难的精神,把从前脏乱差、无人管理的小区,治理成了人人都称赞的模范小区。先后协调资金153万元,为小区建造了250平方米的健身广场,解决了15个方面群众"急难愁盼"问题共270多件,累计为党员群众讲党课1200多场。

申传兴有几本"独门秘籍",这些"秘籍"是他的民情纪实册,本子上密密麻麻地记录了他调研到的社区中每家每户的情况。另外,申传兴还有一本小区"孤、残、病"特困账,一本"急、难、愁"问题账。干了哪些工作,还有哪些工作要干,本子上清清楚楚,一目了然。急的事,不急的事,他都知道。

在申传兴生前随身携带的小笔记本最后一页上有两个大字——奉献。这是申传兴亲自写下的,是申传兴的"红色誓言",是申传兴对自己一生工作、学习和生活的有力总结。

大人们叫申传兴"书记""主任""专家",孩子们都亲切地叫他"爷爷",无论什么样的称呼,都体现了老百姓对申传兴发自心底的尊敬和感激。申传兴事迹陈列室的讲解员介绍说:"申老除了在工作中兢兢业业,还把自己的离休金都拿出来,用作帮扶贫困了。"说着,讲解员指向了一张收据,原来,这是申传兴将自己的1万元存款拿出来交的特殊党费，那时候申传兴的身体情况已经不是很好了，但他仍然心系组织。

申传兴先后荣获"全国离退休干部先进个人""省优秀共产党员""省人民好干部""辽宁好人"等称号。申传兴的奉献精神，感召了越来越多的党员干部。一件件小事、好事，汇聚起为民解忧、为百姓造福的新时代磅礴力量。

22 | 史来贺：寸土点金花

史来贺出生于1930年，今河南省新乡市人。22岁时，史来贺便担任刘庄党支部书记，此后在任职的岗位上连续工作战斗51年，直至去世。他引领全村党员干部群众坚持中国共产党的领导，坚持走社会主义道路，坚持发展集体经济，坚持按劳分配、合理分化、共同富裕，自食其力、勤俭节约、积极创新，把以往贫困的刘庄建设成为具有现代化农业的新农村。可以说，史来贺的一生是为人民群众谋幸福的一生。

史来贺

1950年伊始，史来贺就引导群众开垦土地，仅仅20年光景，便让刘庄700多块参差不齐的疙瘩地改善成了现代化农业园区。他把畜牧业当成突破口，加速村办集体企业发展壮大的进程，农、工、副、牧、林业共同发展，整体经济实力稳步上升。

1976年4月，史来贺带领群众着手落实刘庄第一代新村楼房，1994年住进第二代单元式住宅楼房，2000年设计第三代现代、智能、观赏型新农村别墅。这让全村人感到幸福和快乐。他认为物质与精神同样重要，思想政治做好了，村民的素养就普遍提高了，既要群众奔富裕，又要百姓思想正。

1985年，史来贺带领全村建立了医药类的高新企业——河南新乡华星药厂，采用品种与规模双向发展的生产模式。华星药厂很快成为数十种原料药和成品药高质高产的外向型企业，成为我国最大的肌苷生产厂家以及抗生素原料药重要生产基地。

他对自己严格要求，刚正不阿，多谦让，乐助人，为村民谋福利，一直和全村党员干部群众同心愿、共奋斗。论干活，他和群众共同开垦土地，早起晚睡，劲往一处使，路往一处走；搞建设，他是指挥官，也是冲锋队长；奔致富，他和专业团队共同开展实际调研，总结规划，抓落实，排风险，为群众鞠躬尽瘁。谁要是身体不太舒服，他肯定亲自去问候；谁要是需要帮助，他会毫不迟疑地伸出援手；村民百姓的任何问题，他都十分重视。刘庄的寸土寸业、砖石草木都浸润着他的心血。

2003年4月，史来贺因病逝世。他有着7次当选全国人大代表、4次当选全国人大常委会委员、4次当选全国党代会代表

 ★ 为民篇 ★

的光荣经历，获得过省、市、县劳动模范、特等劳动模范及全国劳动模范、全国民兵英雄、全军英模、全国优秀党务工作者、全国优秀共产党员、全国优秀领导干部、全国优秀乡镇企业家、全国乡镇企业功勋等荣誉称号。在2009年被评为"100位新中国成立以来感动中国人物"之一。史来贺曾先后16次参加国庆观礼，多次被党和国家领导人接见。史来贺一生为党为民，无愧于"最美奋斗者"的殊荣。

23 谭竹青：群众贴心的"小巷总理"

"有下岗，无失业！"这是社区党委书记谭竹青面对辖区下岗工人时勉励大家的话。

在长春市二道区，有这样一位社区党委书记，被群众亲切地称为走街串巷的"小巷总理"，她就是十委社区党委书记、第一届中华全国人民调解员协会副会长。谭竹青从事社区工作近五十年，她把自己全身心地投入到为人民服务中去，赢得人民群众的认可和支持。她带领社区干部艰苦创业，努力发展社区经济和各项事业。她所在的社区先后被评为全国模范居委会、吉林省党建综合示范社区、吉林省精品社区、长春市党建标兵社区、长春市文明示范社区、长春市"十大魅力"社区，被群众誉为"社区明珠""温馨家园"。她本人也被授予"全国优秀党务工作者"、"全国劳动模范"、全国优秀居委会主任"孺子牛奖"、全国"三八红旗手"、"全国优秀社区工作者"、"全国模范人民调解员"等170多项称号。

社区是船，人心是桨，让人民群众放心，才能推动社区这

艘轮船更好地前进。谭竹青是这么想的,也是这么做的。社区内居民的每一个意见和建议,她都悉心听取,社区居民的每一个矛盾,她都亲自解决,就是这样,谭竹青一步步成为群众最贴心的"小巷总理"。

从普通的社区工作者,到全国优秀共产党员;从基层为群众服务的"小巷总理",到全国优秀居委会主任"孺子牛奖"。谭竹青凭借着满腔的热情、辛勤的付出,把一个破旧不堪、杂乱无比的棚户区,逐步改造成一片整齐美观的居民住宅楼,改善了居民居住条件。

十委社区是著名的棚户区,环境脏乱差,社区内只有三条胡同和一条大街,居民住在条件差、采光不好的低矮平房中。为真正改善社区居民的居住条件,改善居住环境,让居民住得更加舒心,谭竹青积极筹划,多方联系,积极争取有关部门的支持。1995年,十委社区棚户区改造项目开始启动,成为长春市三片棚户区改造试点项目之一。改造时间短,效率高,当年就有五百余户居民迁入新建的住宅楼。后来又在这里开展了一项棚户区整治项目,使十委社区发生了崭新的变化,不仅改善了居民的居住环境,更拉近了居民们心与心的距离。

随着人流量的增加,社区也不断发展,原有的公共基础设施也难以满足基层群众的需要,于是谭竹青听取群众的意见,积极协调各个方面,拉资金,找赞助,新修了三条整齐美观的柏油路。同时在人行道上铺好方砖,做好硬化、绿化等相关工作,真正解决了社区群众出行困难的问题。

基层工作十分复杂，社区工作也不好开展，谭竹青深知这一点，无论是开展何种工作，她都身先士卒，冲锋在第一线。在社区绿化过程中，谭竹青作为居委会主任，亲自带领大家种花栽树、盖凉亭，美化了居民的生活环境，提升了居民的幸福度。

在谭竹青身上，我们看到了一名"小巷总理"的情牵社区、心系居民的公仆情怀。党和政府联系群众的桥梁是社区，服务群众的最前线也在社区。谭竹青始终把群众放在心上，为人民群众办实事，赢得了广大社区居民的尊敬和爱戴。

24 朱彦夫：书写"极限人生"的精彩

战争夺去了他的四肢和左眼，奇迹般生还后，他主动放弃了军休养所的特护待遇，重新回到了生他、养他的故土，开拓新的人生之路。为了使全村人摆脱贫穷落后的状态，他带领村民治水、造田、发展教育，经过几十年奋斗，换来了家乡"山上松树戴帽、山下林果缠腰"的景象。他就是用坚强意志和为民情怀书写"极限人生"的沂源县西里镇张家泉村原党支部书记朱彦夫。

朱彦夫（左二）

朱彦夫，1933年出生，山东省沂源县西里镇张家泉村人。1947年，14岁的朱彦夫离开了家乡，成为一名光荣的人民解放军战士。1950年，17岁的朱彦夫加入中国人民志愿军，赴朝作战。在一场战斗中，他不幸身负重伤，双腿膝盖以下、双手手腕以上截肢，失去左眼，成为一级伤残军人。1956年，放弃军休养所的特护待遇后，回到老家张家泉村。

当年，位于沂蒙山腹地的张家泉村是当地十里八乡出了名的穷村、乱村，自然条件非常恶劣。那时村里家家日子过得都很苦，很多人都吃不饱饭、穿不暖衣、看不起病。为了改变家乡落后的面貌，朱彦夫勇挑重担。1957年，全村所有党员一致表决通过，推举朱彦夫为张家泉村党支部书记。

要脱贫，先改地。朱彦夫大胆决定棚沟造地，向山沟要良田。尽管朱彦夫行动不便，但是他与群众同甘共苦，拄着双拐，爬山头，到田地。他用残臂假肢支撑，大干苦干，治山改水。在他的带动下，经过全村群众的努力，经过一冬一春，搬了2万多方土石，建成了1500多米长的暗渠。很多原来荒废的沟地，成为良田。

张家泉村一直到20世纪60年代末都是一个缺水村。村民为了吃水，需要跑几里的山路，非常不便。为了解决这一难题，朱彦夫请来水利专家，帮助打井。为了寻找水源，他跟随着一起翻山越岭，数不清摔了多少跟头。确定位置后，他天天靠在打井工地，现场指挥。当打到10米多，井底开始见水后，不放心的他坚持要下井查看，断肢创面上磨出的血水把假肢和断肢

 ★ 为民篇 ★

硬生生地冻在了一起。经过一个冬天的奋战,张家泉村有了历史上的第一眼大口井。此后又接连打出了好几口大井,彻底解决了村里缺水的问题。

1971年,朱彦夫开始为张家泉村架电而奔波。为了能够让村里通上电,他前后奔波了7年。这7年间,他拖着残疾的身体,先后到上海、南京、陕西等地联系材料。最终在奔波两万多千米后,购买到15千米的架电材料。1978年,张家泉村成为全乡第一个用上电灯的村,结束了点煤油灯的历史。

1982年,朱彦夫因身体原因,辞去了村党支部书记职务,搬到了沂源县城居住。但他心里仍然想着念着村里的群众,每年都要回张家泉村看一看,还经常拿出自己的补贴接济乡亲们。

2019年9月17日,朱彦夫被授予"人民楷模"国家荣誉称号。2019年9月25日,朱彦夫又获得"最美奋斗者"个人称号。

朱彦夫用一生的为民情怀,告诉我们什么是爱民与奉献,什么叫使命和担当。他在平凡的岗位上,创造了人间奇迹。

25 张洪恩：
一名退休老党员的为民情怀

上午10点，家在四川省成都市青白江区的85岁老党员张洪恩正在忙碌着。他伏在桌案前，带着老花镜，一边阅读报纸，一边用红笔勾画出报纸上的重要信息。勾画完毕，他走到报栏前，将放在报栏的报纸展板取下来拿回办公室，开始用糨糊贴上刚才勾画好的报纸。在"川化大妈"志愿者袁邦秀的帮助下，他们将展板抬出，重新挂好。

自1996年退休以来，老党员张洪恩每天都在坚持不懈地为大家送上"精神食粮"，订报、收报、读报、画报、贴报，展板上展示出被圈圈点点的报纸，体现的是张洪恩的为民情怀。

提起办报栏的原因，张洪恩笑着回想起了20多年前的情景，那时是1996年，60岁的张洪恩刚刚退休，没有别的事情可做，大部分的时间都用来读书看报了。张洪恩自己有一个习惯，就是喜欢在阅读的时候写写画画，标记重点。一天，他突然来了灵感，看过的报纸就放在那儿没有用了，那何不方便一下其他需要看报纸的人呢？说干就干，张洪恩拿了自己3000元的积蓄，

 ★ 为民篇 ★

以川化家属院的一个旧仓库为"根据地",办起了报栏。

自从设立报栏,一批又一批的"粉丝"积累了起来。居民付运航就是这个报栏的忠实粉丝,他一直喜欢读书看报,还会抄录报纸内容,自从1991年退休以来,几乎天天都来这里。川化集团退休职工陈贤书也是报栏的老朋友了,他觉得,虽然现在都是从手机、电脑上获取信息,但是自己还是习惯阅读纸质版的文字新闻。报栏的报纸都是标注好了重点的,还有一些和生活密切相关的生活类信息,这对于已经80岁的他来说,看起来不费时间更不费眼神,相比起手机复杂的使用方法,阅读报栏里的报纸是更好的选择。

报栏受到了越来越多的人喜爱,为了满足大家的阅读需求,张洪恩又自掏腰包订购了10余种报纸,包括时事、人文、法治、维权、健康等各方面的内容。除了订购更多种类的报纸,张洪恩还密切关注着大家的喜好,什么时间段看报纸的人最集中、主要看什么内容的新闻。通过仔细观察,张洪恩会及时调整自己的阅读标记,以便更好地服务大家。

在退休之前,张洪恩的职业是律师,多年的职业生涯让他深知,有很多人因为不懂法、不学法、不知法而误入歧途,或是不能运用法律来维护自己的合法权益。于是,他一边坚持办报栏,一边继续发挥自己的专业所长,向大家义务提供法律咨询,免费进行法律宣讲等。

2016年,张洪恩被诊断为腰骨癌晚期,为了不耽误大家看报,张洪恩开始了三点一线的生活,他每天起个大早坐车到医院进行输液治疗，输液持续到中午一点，然后他又马不停蹄地赶回去处理报栏事务。按照医生给出的医疗方案，张洪恩本该多休养，可他依然不惧病痛，每天风雨无阻地坚持办报栏，默默传递社会正能量。

截至目前，报栏已累计贴报25万余张，阅读人次近30万人。25年来，张洪恩从满头青丝忙到现在的白发苍苍。他的坚持感动着许许多多的党员、志愿者，继续传承雷锋精神，传播爱与力量。

26 乌国庆：中国的福尔摩斯

从《洗冤录》到《大宋提刑官》，从《法医秦明》到《长安十二时辰》，在众多的悬疑剧、刑侦剧剧迷的心中，总有一位"破案专家"是剧迷们心中"白月光"。在剧中，这些大侦探们心细如发，聪明绝顶，在曲折离奇的剧情中散发着绝对的"主角光环"。可现实不同于艺术化的影视作品，真实生活中的刑侦专家们付出的艰辛、背负的重担，远比这些影视作品刻画的要沉重得多。

有这样一位一辈子奋战在刑侦一线的"老兵"，在马加爵案、周克华案、吉林博物馆特大纵火案等这些人们耳熟能详的案件中，都有他的身影。50多年来，他参与侦破的国内外重大案件，无一错案，他就是新中国培养的第一代刑侦专家，被国内外同行赞誉为"中国的福尔摩斯"的乌国庆。

1936年，乌国庆出生于今内蒙古自治区宁城县汐子镇的一个少数民族家庭。当地贫穷落后，没有一所像样的学校，想上学的孩子们只能跟着教书先生学习一些简单的蒙文和汉文。

1949年，13岁的乌国庆，汉字不认识几个，是党组织牵头送他去承德卫校学习，他才有机会接触到刑侦，最后成为一名刑侦专家。

乌国庆刚参加工作时有些无所适从，但很快就在实践中积累了许多经验。观察再观察、仔细再仔细，乌国庆办案从不放过一个细节。他亲自到现场，亲自勘察，即使是不起眼的小物件，他也会反复检查研究。

1998年6月，某地发生了一起爆炸杀人案。在对引爆方式的确定一筹莫展时，乌国庆冒着酷暑高温，在爆炸现场细致勘查了三天三夜。功夫不负有心人，他发现一个只有玉米粒大小的残片上赫然印着电池盒的标志，乌国庆由此断定此案件是遥控爆炸，案子很快得到了侦破。

2001年，年近七旬的乌国庆在石家庄特大爆炸案中坚持与年轻干警们一同勘查现场，不顾墙体随时有可能倒塌的危险跑上跑下，收集证据，连着几天几夜没有休息。一星期内，案件告破，在爆炸中逝去的108条生命得以慰藉。

尽管早已是刑侦界的泰斗，乌国庆依然长年战斗在打击犯罪的第一线，每年至少一半以上的时间都在各地出差，参与各项案件的侦破工作。退休之后，他继续参与侦破的案件就有400余起，其中特大疑难案件近百起。退休后的乌国庆，把大多数时间都用来编写教材，他希望能够把自己的实践经验和专业知识贡献社会，传给后人。

众人对乌国庆的评价是严于律己，淡泊名利。乌国庆的徒弟、公安部刑侦局刘忠义回忆说，在 2005 年夏天，乌国庆来黑龙江办案，当时天气突然转凉，乌国庆没有带御寒的厚衣服，自己就花了 200 多元给老师买了件外套，可老师最后却执意把钱还给了自己。

常年在外出差，乌国庆的衣食住行都是怎么简单怎么来，唯一需要随身携带的是一台笔记本电脑，这台电脑里都是他保存的案件资料，无论到哪里，他都想着案情。

2019 年，乌国庆因病在北京去世，享年 83 岁。乌国庆的一生，深深扎根在刑侦沃土，标示着中国刑警的实力和高度，诠释着人民警察的根本职责。

27 杨怀远：小扁担上写人生

"天下万物何所求？只求为人民生活服务到白头。"这是杨怀远毕生的追求。

杨怀远，安徽省庐江市人，中国共产党党员。1937年出生，1956年入伍，1960年转业至原交通部上海海运局，成为一名海员，先后从事船舶生火工、乘务员等工作。几十年来，杨怀远热情周到地服务了成千上万的乘客，与乘客彼此关心、彼此相爱、互相帮助，给乘客留下了美好的印象。杨怀远全心全意为人民服务的"小扁担"精神赢得了广泛赞誉，树立了新时代斗士的良好形象。

杨怀远立足于社会服务工作岗位，肩挑三尺扁担，创造了让全国人民乃至国际友人都为之敬佩的"小扁担精神"。他用自己的实践充分展现了一名优秀共产党员全心全意为人民服务到白头的崇高理念。

服务是一门科学。客运服务是交通运输业对外展示的窗口。杨怀远在客运乘务员的普通岗位上，始终做到视乘客为亲人，以"让乘客满意"为座右铭,把做好客运乘务员作为全心全意为人民服务、展示个人才华、体现人生价值的舞台。他制订了120多项便民措施,自制了多种方便旅客的用具,建立了装有多种物品的方便箱,被旅客赞誉为"老人的拐杖""孩子的保姆""病人的护士"。一个可敬、可爱、可信、可靠的"人民公仆"形象,活生生地展现在人民群众的面前。他不断总结经验,创新改进服务手段,用自己独特生动的语言,总结了许多反映服务规律的经验,开创了海上客运服务科学研究的先河。

杨怀远说:"我为人民挑扁担,春夏秋冬挑不闲;挑得冰雪化春水,挑来凉风送暑天。我为人民选择了扁担。我挑得越多,感觉就越甜蜜;与党同行千里行,扛着扁担永远前行。""向雷锋同志学习,使我看到了客运企业服务管理工作的重要意义。""一事当先想雷锋,一事之中仿雷锋,一事以后比雷锋,一年四季学雷锋,一生一世像雷锋。"

在为乘客服务的38年中,他始终以雷锋为榜样,甘愿做人民的"搬运工",从青年、中年到老年,无论贵贱富贫。他穿梭于乘客之间,帮助他们解决问题,却从未谋求任何回报,留下的唯一痕迹,就是他帮助的乘客在47根杆子上写下的衷心话语。

杨怀远不仅是优秀的服务员,也是精神文明的宣传员。退休后,他成为上海市"百老讲师团成员"中的一员,通过宣讲、做报告以及带领学生参加各类志愿服务活动,将社会主义核心价值观传播到每个角落。通过加大宣传力度,努力使"小扁担精神"代代相传,以实际行动展示了一个共产党员全心全意为人民服务到白头的崇高理念。

杨怀远,既是平凡工作岗位上的一名劳动者,也是实现中国梦道路上的勇敢追梦人,他将务实担当体现在日常服务中,将辛勤奉献落实在岗位工作上,以一生的坚守和奉献,展现了他对党和祖国航运事业的无比热爱,对全心全意为人民服务宗旨的执着坚守,引领起"劳动最光荣、劳动最崇高、劳动最伟大、劳动最美丽"的社会风尚,树立了不忘初心、牢记使命、永远奋斗的行业标杆。

28 朱伯儒：
心系群众的"活雷锋"

"我们共产党，要像一块不锈钢，保持不易生锈，不易被腐蚀，关键是增强自身抵抗力。"这是朱伯儒写给一个青年的一段话，也是他自己的实际行动。朱伯儒干一行爱一行，一心为国为民，不利用职位谋私。他入伍28年，做好事无数，从不计回报，被誉为"八十年代活雷锋"。

朱伯儒，1937年出生，广东省茂名市人。1955年，朱伯儒参加人民解放军，成为一名令人羡慕的空军飞行员。1970年初，朱伯儒因患耳疾停飞，被调到了远离部队的某山区的一个临时工程部工作。这里地处偏僻，生活艰苦，每天的工作就是装沙子、搬石头，忙碌一天累得腰酸背痛，但是朱伯儒从没有一句怨言。几年间，他转战在各种临时性的单位，当过民工队长、仓库管理员、油库管理股长，无论在何种岗位上都兢兢业业、踏实肯干。

作为一名共产党员，朱伯儒认为仅仅做好本职工作还远远不够。他曾经算过一笔账："我们党有三千几百万党员，约占全国总人口的二十五分之一。每个党员至少要关心和团结二十五名群众,这是最起码的。"为此,在生活中他始终以雷锋为榜样,心系群众,积极为民排忧解难。

1975年,在河南南阳火车站,正准备转车的朱伯儒遇到一位老人突然胸痛昏倒。他放弃乘车,将老人送往了医院。经过检查,医生说是胃出血,需要住院治疗,朱伯儒马上为老人办理了住院手续。因为老人出血过多,需要输血,朱伯儒知道他和老人血型一致后对医生说:"他是我的亲人,输我的吧。"医生同意后,从他身上抽了300毫升血输给了老人。随后,朱伯儒主动留下来,整整照料了老人三天。出院那天,朱伯儒还帮老人代付了住院费和药费,又亲自护送老人回家。

1977年,朱伯儒在河南省内乡县的一个部队工地指挥工作。这天朱伯儒正患重感冒,刚从工地回家休息。突然工地传来电话:一位民工早起后口吐鲜血,生命垂危。朱伯儒硬撑着身子立即赶到工地,此时这位民工已躺在附近机关的门诊部,诊断是肺结核,需要转到大医院治疗。朱伯儒征得上级领导同意,决定将其送到150千米外的广水空军医院。当时朱伯儒还在发烧,他把这位民工背上公共汽车,又背上火车,军衣上沾满了民工吐出的血污。等背进病房时,朱伯儒自己也站不起来了。

当群众遇到危险时,朱伯儒同样挺身而出,舍身相救。在武汉东湖,他曾跳进冰冷的湖水救起一个落水青年;在隧道塌方的危急时刻,他曾奋力把民兵推出险境;在旅途中,他曾热心照顾一位突发疾病的华侨老太太……

 ★ 为民篇 ★

朱伯儒走到哪,好事就做到哪。究竟帮助过多少人,他自己都记不清了。据现有调查材料,朱伯儒曾义务赡养过 10 人,从危难中解救 7 人,资助生活困难者 40 余人。他常说:"雷锋精神是不可能过时的,只要人类在不断地向前发展,它将永远激励着人们前进。因为它具有先进性,是永恒的时代精神,我还要不断地弘扬。"

2015 年 9 月 15 日晚上 7 时 55 分,这位曾被中央军委授予"学习雷锋的光荣标兵"荣誉称号的"活雷锋",在广州军区陆军总医院去世,享年 77 岁。朱伯儒虽然走了,但是他把美好留给了人间。

29 李润五：全天候的副市长

"我不是什么官，我是给老百姓解决问题的，活一天就要给老百姓干一天事。"这是北京市原副市长李润五的为官境界。

李润五，1939年出生，河北省丰南县人。1960年9月进入北京矿业学院机械系学习，1974年调至北京市计经委工作，1986年调到北京市东城区工作，1993年初任北京市副市长。

提到李润五，凡是与他打过交道的群众，对他的评价都近乎惊人的一致，说他"没有官样"。不过这倒不是说他官当得不好，而是当得格外与众不同，与大家想象中的"官"差距很大。那李润五这个官当得是什么样子的呢？

有人说李润五像个"工人"。1985年11月，东城区的一位老大娘预定了过冬用的煤，不过煤炭公司迟迟没有送过来。时任市经委副主任的李润五知道后，马上找来了煤炭总公司刘副经理，二人一起赶到老大娘家附近的一个煤场，打开仓库，装上煤球，蹬着平板车直接给老大娘送到了家里。李润五总是说："不关心群众的疾苦算什么共产党员？"

 ★为民篇★

再有,李润五任东城区区长时,为了能够把区里24所小学校舍改造好,他多方筹集资金,跑材料,联系施工队。几乎每天都要骑着自行车到各个学校工地查看,光是为了史家胡同小学的改造,他前后就骑自行车跑了一百多趟。学校的老师们回忆说:"那时每天一大早,就有一个人骑着自行车,啃着油饼往学校赶。我们以为是工地的人,一打听才知道是李区长。"

有人说李润五像个"管家"。1995年5月,门头沟区王平村的一个小煤窑渗水,矿井下有15个矿工被困,情况危急。李润五得知消息,当晚立即赶往事故现场,亲自指挥救援,直到救出了被困矿工。有人对他说:"润五,你身子骨不好,该你管的你管,不该你管的就甭管了。"李润五说:"只要是党的事业,只要关系到老百姓的利益,我都管!"

有一次,在农贸市场,李润五正巧碰到了一个市场管理员在刁难个体商贩,他立即上前喝止。那个市场管理员不屑一顾地问:"你是谁?你算老几?"李润五说:"我是李润五!"那人一听吓坏了,连声认错,一溜烟跑了。不过被刁难的个体商贩却急得满头大汗,说:"今个是没事,明天他把这股气再撒回来可咋办?"李润五递给他一张自己的名片,说:"他敢再来为难你,你就来找我!"

也有人说,李润五是个"全天候的副市长"。李润五在东城区当区长时,他每天早晨7点准时骑车到达单位,晚上8点离开。时间一长,群众就掌握了这一规律,遇到难题就赶这个点到办公室去找他。群众说:"咱区长天天都有群众接待日!"

当了副市长以后,他仍然保持了这一作风。1994年11月的一天,李润五下午开完市政府常务会后,一直忙到了晚上8点多。接着他为了参加京唐两市协作项目的签约,又驱车两个多小时赶到唐山,接近零点才休息。他不放心北京市民冬季取暖问题,早晨5点又赶回北京,开始一天的工作。李润五就这样忙碌着,每天工作时间达14个小时之多。终于,积劳成疾的李润五,在1995年11月,突然倒在了办公桌前,再也没有起来。

李润五走了,但他把一个共产党人的优秀品德和优良作风留下了,把为党和人民事业艰苦奋斗的精神留下了。更重要的是,他通过兢兢业业工作、诚心诚意为民服务的实际行动,塑造了一个与百姓想象中不同的"官样",一个百姓喜欢的"官样"。

30 吴金印：忠诚为民的"太行公仆"

无论在什么时候，总有一些人是时代的标榜，是永久的模范。1942年7月出生于河南新乡的吴金印就是这样的人。

吴金印18岁参加工作，26岁走上乡镇重要岗位。当别人挤破脑袋向上挤的时候，他主动放弃调到上级机关工作的机会，扎根基层，凭着一股子干劲，埋头苦干。就是这种永远奋斗在第一线的行为，使贫困的山区发生了翻天覆地的变化。凭着丰富的工作经验和扎实的工作作风，他干一处响一处，走一路富一路，用自己的实际行动为老百姓办实事、办好事，被当

吴金印

地群众亲切地誉为"太行公仆"。

40多年来,吴金印全身心投入到基层工作中,与老百姓亲如家人、同甘共苦,忠诚于党的事业,不计较个人名利得失,不怕艰难困苦,带领群众摆脱贫穷奔向小康。他就是那种在平凡的工作岗位上造就不平凡事的人,做出了优异的成绩,树立起了基层党员干部的榜样形象,是当之无愧的人民好干部。在卫辉市狮豹头公社工作的10多年,他在老百姓家住了7年,在条件艰苦的治水工地住了8年,领着群众打通6个山洞,建造85道大坝,修建25座水库和蓄水池,架起8座公路大桥,营造良田2400亩,植树20多万棵,使过去荒芜的山区发生了翻天覆地的变化。

1987年,吴金印调任唐庄乡党委书记。他在任上带领群众建起了万亩高效农业园、万亩林果园、万亩蔬菜园、万亩生态园等"六个万"产业园区;坚持治山治水30余年,数年如此,不曾改变,累计造地18000余亩,植树800余万棵,让唐庄西山的"三跑"田变成"三保"田;带领建设唐庄产业集聚区,先后引进世界500强百威啤酒、北新建材,国内500强六和集团、银金达彩印厂等40多家,吸引投资200多亿元,初步形成食品饮料、新型建材、新材料包装彩印基地,使唐庄镇的经济飞速发展。2018年,唐庄镇总产值实现前所未有的突破,达到107.76亿元,公共财政预算收入2.23亿元,人均纯收入19860元,镇级资产达到70多亿元。产业结构发生重大转型,由过去的"一二三型"转为"二三一型",进入到全国经济发达镇序列。

 ★ 为民篇 ★

吴金印注重教育的作用。在如何教育子女的问题上，吴金印从培养优良传统着手，教育孩子从小养成尊重老师、团结同学、学习勤奋、不畏艰苦的品格。他希望孩子们无论在学习、工作还是生活上，无时无刻不严格要求自己，务必做一个有用的人。父母在世时，他总会坚持为父母洗脚，不仅如此，他也让每一个子女如此。他用这种言传身教培养孩子孝的观念。子女参加工作以后，虽然彼此之间见面的时间少了，但是他一刻也没有放松对子女的教育，时常打电话询问子女近况，反复叮嘱教导，要牢记初心。

31 林占熺：
培育菌草，致富一方

脱贫攻坚剧《山海情》中有这样一个片段：收蘑菇的商人过来警告种蘑菇的凌一农教授，但是凌教授却主动喊住了他们，并且跟他们动了手。平时稳重的凌教授为什么会这么做呢？其实，凌教授是觉得，种蘑菇非常辛苦，眼看就要成功了，却被一群商人搅黄了，实在可惜，而且只有主动把这件事闹大，才会引起社会的广泛关注，自己挨一顿打，换来问题的解决，值！

凭借这份赤诚和热血，电视剧里的凌教授在戈壁滩上扎了根，带领着百姓们走上脱贫道路，而实际生活中，凌教授的原型林占熺教授，比电视剧中刻画得还要热血。

林占熺是福建省连城县人，中共党员，当年在帮助百姓脱贫的时候，林教授意外遭遇了车祸，肋骨摔断了两根，但他仅仅在医院住了4天就重新回到岗位上接着工作了。他先到了银川，再从银川出发去彭阳，一路上，山光秃秃的，什么都没有。

1996年，福建和宁夏结成帮扶对子，发明了菌草技术的林占熺进入了援宁干部的视野,他带着六箱菌草,应邀前往宁夏彭阳县调研,一去就是20多年。林占熺教授下定决心:"一定要帮助他们改变生活。"

林占熺

福建和宁夏两地无论是从自然条件来看还是经济基础来看,都相去甚远,在福建推行的"以草代木"栽培食用菌技术菌草扶贫方案,能够在宁夏奏效吗?

彭阳地处西北部,昼夜温差大,自然环境与福建不同,福建能够在室外建菇棚,而彭阳可能无法实现。林占熺因地制宜,想起当地有不少窑洞,这些废弃的窑洞温差小,保湿效果好,如果加以利用,没准可以起到出人意料的效果。想到这,林教授连夜举着手电筒赶往老乡家,把已经熟睡的老乡叫醒,在商量之后,众人立即出发前往窑洞勘察。

经过勘察,众人认为在窑洞种菇可行,可是怎样向当地老百姓科普相关的技术知识，让老百姓相信，菌草技术能够帮他们脱贫呢？他们组织当地领导干部到福建参观学习，把本来放电影的电影院改成了培训班，选取了27户农户作为示范户，手把手地教老乡们种植蘑菇。在他们不懈地努力下，最终制定出了一整套技术包干的方法。

技术问题解决了，动员工作做好了，蘑菇就栽培出来了。产品有了，销路又成为亟待解决的问题，种出来的菇往哪里卖呢？扶贫办领导也表示，如果没有销售渠道，老百姓还是不放心，于是技术专家林占熺临时转变身份成为"业务员"。他跑遍了全国主要蘑菇市场，硬着头皮谈合作，签订了包技术包销蘑菇协议，组织福建销售企业助销"菌草菇"。

一切为了扶贫，一切为了人民，林占熺等专家不断总结，将栽培技术推广到其他发展中国家。林占熺说："希望生态治理、扶贫与产业开发协同发展的模式，能够为更多发展中国家摆脱贫困带来启发。"

32 孔繁森：一腔热血洒高原

当党和人民需要的时候，他积极响应号召，义无反顾，两次主动要求赴西藏贡献力量；在藏工作期间，他把一颗火热的心，掏给了西藏人民，献给了党的事业；殉职后，他的遗物只有8元6角钱和去世4天前写的关于发展阿里经济的12条建议。他就是把"一腔热血洒高原"，用生命书写共产党人立党为公、执政为民新篇章的人民公仆孔繁森。

孔繁森，1944年出生，山东省聊城市人。1979年，国家要从内地抽调一批干部到西藏工作，时任聊城地委宣传部副部长的孔繁森主动报名，选择到党和人民最需要的地方去。他辞别家人，第一次踏上了雪域高原。进藏后，孔繁森原定是要担任日喀则地委宣传部副部长。组织上考虑他年轻能干，安排他到

孔繁森

海拔更高、条件更艰苦的岗巴县任县委副书记，他毫不犹豫地答应了。在岗巴县工作的三年间，孔繁森深入基层调查研究，走遍了4700米高原的山山水水、村村庄庄。每到一地，他就访贫问苦，宣传政策，与当地藏族群众结下了深厚的感情。1981年，孔繁森援藏期满，被调回山东。

1988年，山东省再次选派进藏干部。组织上考虑孔繁森政治成熟又有在藏工作经验，决定再次让他带队入藏。尽管孔繁森家庭存在困难，母亲年迈、妻子多病、三个孩子年幼，但他毅然表示："我是党的干部，服从组织安排！"

第二次援藏，孔繁森任拉萨市副市长，分管文教、卫生和民政工作。刚到任的四个月内，他就跑遍拉萨所有公办学校和一半以上的村办小学，记录下各地方学校所面临的困境和需要，努力给孩子们提供更好的学习环境。他在了解尼木县续迈乡等3个乡的群众易患大骨节病的情况后，多次爬到海拔近5000米的山顶水源处采集水样，帮群众解决饮水问题。孔繁森看到农牧区缺医少药，就利用自己的医术，每日背着药箱到牧民家去走访，为牧民们看病。藏族农牧民都亲切地称孔繁森为"药箱书记"。

1992年，孔繁森第二次援藏的任期已满，他本应该调回山东，但是由于孔繁森在西藏得到了百姓的认可和爱戴，他自己也舍不得西藏的百姓，组织上决定任命他为阿里地委书记。孔繁森接受安排，收拾行李就去了阿里。为了摸清阿里的情况，孔繁森冒着各种极端天气，在不到两年的时间内，跑遍了阿里地区106个乡中的98个，行程8万多千米。饿了就吃口风干牛

羊肉，渴了就喝口融雪水。在孔繁森的努力下，阿里经济有了较快的发展。

令人痛惜的是，1994年11月29日，孔繁森遭遇了严重的车祸，不幸去世，时年50岁。

孔繁森曾说："一个共产党员爱的最高境界是爱人民。"他选择的路就是无私奉献、热爱人民。他将他的一切献给了西藏这块神圣的土地，献给了勤劳勇敢的藏族人民。

33 吴天祥：
为群众办实事的"一心为民好干部"

"我只要还有一口气，就要做群众工作，为群众服务。我永远不会把党和人民给我的荣誉拿去卖钱。"吴天祥曾这样说。这世界上的爱有很多种，古人所说的大爱是什么呢？人民的好干部吴天祥完美地诠释了"大爱"这个词。

吴天祥，1944年7月出生于湖北钟祥，曾任武昌区政府巡视员。他在工作上始终如一，历经几十年的风雨，依然初心如旧。作为党的好干部，身体力行地践行党的宗旨，一心装满群众，事事为群众。

"人无难处不上访，我们的责任就是把矛盾化解在基层。"多年来，不论是从事信访工作还是分管信访工作，吴天祥一直坚持尽到最大的努力。他认为扶持社会弱势群体是政府的职责，更是每位共产党员的使命。

吴天祥从1996年担任武昌区副区长之后，主要负责分管信访、民政、劳动就业等方面的工作。为了更好地为民众提供便利，及时和广泛地了解民情，他给自己订下"规矩"：每天早

 为民篇

晨6时30分至8时接待上访人员，多年来从未更改。武昌区的老百姓都知道，想要找到吴天祥，就在上班时间之前去区政府门口。他每天少则接待五六人，多则十多人。面对群众的上访，能处理的事务他一刻也不耽误；不在他职责范围之内的事儿，他就想办法求人去办；有些事儿是他实在无能为力的，他也会尽其所能地让上访群众不要心寒。

2008年，到了退休的年龄，许多群众听到吴天祥要退休的消息后，到区信访局找到吴天祥，表达了深切的不舍。先后有六家企业找到吴天祥，提出要高薪聘请，却都被他拒绝了。

2008年11月，一群来自浠水、孝感的农民工走投无路，晚上9点多找到吴天祥家里上访，请求老区长帮他们讨要薪资。那天，吴天祥让他们住在家里，女同志睡床上，他和男同志一起打地铺。几天后，多方奔波，终于讨回了农民工的血汗钱。2009年，陈小红等10多名劳改回归人员请求吴天祥帮他们找工作。吴天祥出主意让他们从事餐饮行业，请人教他们学餐饮手艺，还给了他们本钱……如此这般，数之不尽。

2008年四川汶川大地震发生后，吴天祥毅然写下遗书，赶往地震灾区参加抗震救灾。花甲之年的吴天祥与其他志愿者一样，到医院抬伤员，到受灾乡村替病人包扎，到废墟里消毒防疫。当然在此后玉树地震、舟曲泥石流、云南和河南大旱、云南彝良地震以及云南鲁甸地震等各个救灾抢险的前线上都留下吴天祥的足迹。

2016年7月，湖北遭受严重的洪涝灾害，吴天祥从自己的

积蓄中捐出10万元，为新洲区三店街徐贵村、曹岗村、施阳村和新洲区徐古街万岗村、乌钵窑村等5个村，分别购买了精养鱼苗、蔬菜种子、新西兰桃树苗、油茶苗和农作物种子。他说："大水冲毁了灾区群众的家业，我很心痛，只能尽绵薄之力帮他们恢复生产、增强信心。"8月，吴天祥又从工资积蓄中拿出3万元，送到武汉市新洲区徐古街万岗村贫困户万仲平等3户受灾贫困户家中，助其灾后脱贫。

"我已退休心坦诚，学习奉献要抓紧，党性党纪经常照，要永葆共产党人的青春和灵魂。"这是吴天祥在2008年3月退休当天写下的自律诗。

这个时代，总有人义无反顾，一心为民，这种精神，永不褪色。

34 林秀贞：
敬老济困的"杰出母亲"

她，尊老敬老，30余年义务赡养了6位没有任何血缘关系的孤寡老人，这些老人大多数活到了80岁以上。她，扶危济困，帮助8名残疾人安排就业改善生活，捐资4万余元。她，热心教育事业，帮助农村中小学改善教学条件，资助14名家庭经济困难儿童完成学业。她，就是河北一名普通的农家妇女——林秀贞。

"人人都帮人，世上没穷人；人人管闲事，世上没难事。"这是母亲常对林秀贞说的话，而林秀贞也一直用行动践行母亲的这句教诲。

1946年，林秀贞出生于今河北省枣强县王常乡南臣赞村的一个农民家庭，1971年加入中国共产党。小时候，母亲就经常伸出食指、中指、无名指三个手指头，手分开后，食指和无名指都向外歪着，只有中指笔直，母亲对她说："人生就这三条路，做人不能走歪路，也不能走偏路，只能走中间这条又正又直的路。走正确的路就是听党的话，为社会多做贡献，我们不是大英雄，不能做大事，但是能做小事，做人做好事要走正确的路。"

1987年，为了能更好地照顾老人，林秀贞夫妻俩用一生积蓄在村里办起了玻璃钢厂，为村里的残疾人创造了就业机会，使他们能用自己的双手维持生活。夫妻俩为了方便这些残疾职工生活，还专门请了一名炊事员，免费为他们提供一日三餐，送开水，搞服务，帮助他们解决经济、生活上的困难，让他们能够通过自己的劳动换取经济来源、维持生计。林秀贞不仅用赚的钱赡养老人，还资助多个贫困家庭的孩子上学，帮助他们完成学业。她还积极参与公益事业，投身为乡村改善交通出行、打井解决用水问题、组建文化娱乐队丰富村民的精神生活、修建农村中小学让孩子们都有学上、有知识可学等诸多的事业中。

2011年5月10日，林秀贞赡养了31年的孤寡老人朱书常因脑出血抢救无效去世。朱书常去世时已经81岁，在当地称之为"喜丧"。但是，林秀贞依旧是难以接受朱书常走得太过急迫，老人的离去让她充满了遗憾。老人身体不好，林秀贞之前专门为老人买了防褥疮的气垫床，她以为老人这次只是得了脑血栓，已经做好了长期伺候老人的准备。老人在离世之前，放不下这位照顾了自己30余年的"亲人"，紧紧握住林秀贞的手，不肯放开。老人呼吸困难，无法自主排出气管中的痰，林秀贞的丈夫反复扶起帮助老人排痰20多次，只为老人能舒服一些。但老人还是没能撑过去，他最终还是离开了这个照顾他31年的家庭。

"我没有遗憾。"林秀贞说,"那么多不快乐的人变得快乐。他们的笑声,他们的长寿,他们的好日子,他们对我的感情就是我的财富。"林秀贞也忘记自己究竟做过多少好事,她的一生都在为党付出,为人民付出,在让他们能够过上更好的日子的道路上前进。

35 邱娥国：一脉真情暖一方人心

"我们所做的一切，都要用群众是不是满意、是不是理解、是不是答应来检验。为人民服务是我们的天职。"他在民警一线，一干就是二十多年，其中有着轰轰烈烈，但更多的是基础和琐碎的事。他日复一日、年复一年地穿梭在辖区内的大街小巷，温暖着一方人心，守护着一方平安。他就是被誉为"群众的贴心人"的民警邱娥国。

邱娥国，1946年出生，江西省南昌市人。1964年参军入伍，1967年1月加入中国共产党，1979年转业加入公安队伍，先后在南昌市公安局西湖分局广润门派出所、筷子巷派出所工作。

邱娥国爱岗敬业，始终以辖区平安为第一责任。为了解辖区内的治安情况，他从穿上警服的第一天起，几乎天天沉在辖区，身上揣着笔和本子，到处走访。他看到什么，听到什么，凡是涉及辖区治安问题的人和事，都一一记在本子上。在长期实践中，他还摸索总结出"簿中有图、口中有诀、手中有本、做到四勤"的工作方法。他首创的"警民联系卡""警民联系

牌"等便民措施,也被推广到全国公安机关中。工作中遇到危险,他从不退缩。1981年,在一起斗殴事件中,为保护群众的生命安全,他挺身而出,身中七刀,右臂差点被砍断。后来被群众用木板抬到医院,虽死里逃生,右臂也落下了终身残疾。

邱娥国心系辖区群众,积极为大家排忧解难。他有一本"特困户帮扶记录簿",上面密密麻麻记录着辖区内每位孤寡老人、留守儿童、残疾人、特困群众的基本情况。邱娥国曾先后赡养过13位孤寡老人,为9位老人送终。辖区内一居民去世后,留下了两个年幼的女儿,无人照料。邱娥国主动承担起了抚养两个孩子的责任,把她们接回家照顾,视如己出。有居民家房屋漏雨,他就借来工具,帮着修理。三更半夜有位老太太生病了,倔强的她不愿让子女送医院。子女只好请来邱娥国,再三劝说下,他背着老太太去了医院⋯⋯

2007年,在基层一线干了二十多年的邱娥国光荣退休了,但是他却依旧忘不了那一方百姓。他深情地说:"虽然不再上班了,但我一颗服务人民群众的心永不退休。我的心永远牵挂着辖区,牵挂着那一条条小街小巷。"离开岗位之后,邱娥国每天还是喜欢去辖区转转,和大家聊聊天,唠唠家常,发现问题或居民有反映,就第一时间向派出所反馈。碰到有需要帮助的群众,他都上去帮一把。

2014年冬天,外出散步的邱娥国在地下通道遇到了一位迷路的老人。这位老人患有老年痴呆,无法清楚地说出家庭信息。

这时天色已经很晚了，通道马上就要关闭。搭了两个心脏支架的邱娥国硬是背了老人一百多米，两人在一个宾馆门口等了半个小时，直到老人的孩子赶来。

退休以后，邱娥国除了不断坚持帮助群众解决困难，还承担起了给筷子巷派出所新入职民警授课的任务。他说："我很乐意将自己的工作经验传授给新同志，与他们交流怎么做人，怎么做好基层工作。"

36 张云泉：
群众工作的行家里手

"把困难和危险留给自己,把安全和便利留给人民。"这是张云泉时常自勉的话。

张云泉出生在新中国成立的前一年,16岁就参加工作,因为表现突出、政治忠诚,20岁时就光荣地加入中国共产党。21岁时张云泉参军入伍,成了一名光荣的海军战士。此后的14年,他一直在舰艇上服役,后来成为中国人民解放军北海舰队某舰艇的舰长。就是这样一名优秀的海军将领,谁会想到从部队转业到地方之后,竟然甘愿做起了一名信访局的文员。从35岁起,一直到他退休,他在信访的岗位上一干就是25年,从一名文员一直干到了局党组书记、局长。

张云泉常说"做人必须像人,做官不可像官",他用身体力行践行了这句誓言。有人说张云泉不像领导干部,因为他常年奔走于街头巷尾,总是千方百计地为人民群众排解忧难,在一些冲突激烈的群众信访事件面前,张云泉从不推诿而是挺身而出,为了维护人民群众的利益不顾个人安危。在人民群众面前,他讲得最多的一句话就是"有话跟我说,我来帮助你"。1998年10月,泰州一家企业因为改制,导致老板与原企业的职工发生了矛盾冲突,企业主和1700多名员工产生了严重对峙,企业负责人恼羞成怒,准备开推土机推开职工,强行进厂。危急关头,张云泉大步跨到推土机面前,大声呵斥企业负责人:"谁要过去,就先从我身上开过去。"而另一方面,已经情绪失控的职工也愤怒至极,在混乱的场面下分不清黑白是非,误认为张云泉和老板是一伙的,于是纷纷朝着张云泉拳打脚踢。军人出身的张云泉原本可以正当防卫,但是他知道一旦这样做事态就会彻底失控,于是一边是自己受气遭到挨打,一边他还耐心向人民群众做说服解释,最终平息了事态。但因此事,张云泉的身上却留下了很多伤痕,更为严重的是,他的左眼视力因被误打从1.5直接下降到0.15,他的左手拇指也在此次事件中受伤,至今指头都无法自由弯曲。但他理解人民群众,虽身体落下残疾仍无怨无悔。在张云泉的经历中,类似这样维护人民的利益却被人民误打误伤的事情是家常便饭,但他从来都没有说过一句怨言。有人开玩笑,称他干的是"三赔"工作——赔礼、赔罪、赔钱。他就回复道:"为人民做'三赔',我心甘情愿!"

张云泉始终保持着艰苦奋斗的本色。身为局长,他深居简出,上下班的交通工具就是骑了多年早已破旧的自行车,因公出差时,他都选择经济实惠的旅店居住。他的妻子在一家效益并不理想的企业里当一名普通职工,儿媳妇也是在一个普通的

单位当服务员,他的权力始终用在人民身上,从来没有用在自己和家人身上。

张云泉坚守信访工作岗位25年,全心全意为人民分忧解难,平均每年接待人民群众来访2000多人次,处理人民群众来信2000多封,接听人民群众来访电话数千余次。张云泉正是以务实高效的工作作风、无私高尚的人格魅力化解了一次又一次矛盾,真正维护了人民群众的利益,保护了一方稳定,树立了党和政府的形象,被广大干部和人民群众赞誉为"人民满意的公务员"。

37 李梦桃：心系边疆的牧场医生

"人应该有些奋斗精神，尤其是年轻人，要立志，一生中能有一段时光是在基层为人民服务中度过是最宝贵的财富。"这是李梦桃在各种巡回报告中勉励年轻人投身基层的励志豪言。这也是李梦桃自己的人生座右铭。

李梦桃出生在上海这座繁华的大都市，16岁时便从黄浦江边来到了新疆生产建设兵团农六师，立志在缺医少药的大西北农牧区给各族人民看病。他借助自己的医学知识救死扶伤，扎根边疆，一干就是30多年。

1970年，已在新疆生产建设兵团工作了6年的李梦桃被调往中蒙边境的北塔山牧场工作。北塔山距离乌鲁木齐400多千米，海拔在3300米左右，常年风雪漫天，条件十分艰苦。初到北塔山时，李梦桃也曾因不适应当地的环境，脸上都起满了水泡，头皮上也布满了虱子。热心的当地牧民便帮他把头发剃光，还用开水帮他烫洗衣物，就这样，李梦桃脸上的水泡和头上的虱子逐渐消失，而他的心也慢慢地融入了当地的生活。

李梦桃

那时候，同一个牧场不同的放牧点分布都十分分散，牧民们大都会选择依水而居，因此毡房与毡房之间相隔很远。牧民们看病寻医往往需要走很长的路。牧场中，像感冒、肺炎、关节炎、肺气肿、肺结核等都是常见病，当然也经常有牧民摔伤腿脚的事情发生。每当李梦桃背着药箱骑着马出现在毡房前的时候，牧民们都会像看到了救星一样将其层层围住，这样的景象坚定了李梦桃留在牧区的决心，他深刻地感受到牧区需要他、牧民离不开他。在牧区，缺医少药是常事儿，有时牧民们原本是需要看病的，但当大家看到李梦桃的药箱空空如也的时候便什么话也不会说，只是拖着自己病痛的身体，拿起羊鞭，赶着羊群离去。这时候，李梦桃望着牧民拖着病态的身躯逐渐远去，总是会有一种无名的辛酸涌上心头。于是他一方面积极向组织协调，争取足够的医疗物资；另一方面他刻苦钻研医术，努力提升自己的医术，争取更好地为牧民服务。

1974年的冬天，在一个风雪交加的夜晚，李梦桃早已休息了，这时，有一个叫开麦的牧民闯入家中，原来开麦的妻子难产，孩子一天一夜都还在产妇腹中。李梦桃闻状，二话没说，立刻背上药箱，骑马朝20多千米外的开麦家飞奔而去。当李梦桃到开麦家时，产妇已经处于昏迷状态。李梦桃做了简单的清洁消毒之后，立即就对产妇进行了分娩状态检查，发现孕妇难产的原因是胎盘横位。李梦桃是学儿科出身，对妇产科本来是一窍不通的，秉承着对牧区人民的满腔热爱，他自学了五官科、内科、骨科等多种学科知识，这让他成了牧区少有的全科大夫。产妇危难时刻，李梦桃马上决定要为产妇做胎盘外倒转术。这个手术有很大的危险性，并且李梦桃也并不是妇产科专业出身，把握并不大，但是如果不立即执行手术，产妇和胎儿随时都会有生命危险。李梦桃顾不上这么多，他立即实施了手术……一整夜之后，产妇安全分娩，母子平安。开麦见妻子苏醒过来，又听见孩子哇哇的哭声，激动地拉住李梦桃的手，一个顶天立地的牧区汉子此刻已经满脸泪水。开麦十分激动，不知如何表达对李梦桃的感激，于是让李梦桃给自己的儿子起个名字。刚好清晨的红日从东方升起，李梦桃便对开麦说："就叫'向阳'吧！"

作为一名共产党员、一个医务工作者，凭借着对牧区人民的深厚感情，李梦桃用医术和仁心，从病魔手中拯救了一位又一位患者。正是三十年如一日的救死扶伤、治病救人，以及他对牧区的坚守，李梦桃先后获得了"全国卫生系统先进工作者""全国优秀共产党员""全国民族团结进步模范个人""全国先进工作者"等荣誉称号。他初心不改，牢记人民，在北塔山这个在哈萨克语寓意为"牺牲自己的地方"艰苦而又执着地奋战着……

38 王元林：山区人民的防疫堡垒

从24岁到61岁，他奋战在乡村防疫的第一线，翻山越岭为全乡15个村庄接种疫苗、宣传防疫知识；在他的片区，他徒步十几万千米，接种疫苗20多万人次，100%完成了国家强制免疫计划，其间没发生一起基础免疫传染病和一起接种纠纷。他就是用自己的责任与坚守精心构筑起基层最坚实的防疫堡垒、守护一方百姓健康的乡村防疫员王元林。

王元林，1949年出生，山西省静乐县人。1969年，王元林到县中医班接受"半农半医人员"培训。1973年毕业后，回自己所在的乡卫生院担负防疫工作，成了全县第一代乡村防疫员。

起初，疫苗的接种工作进展得并不顺利，遭到了很多村民的抵制。大家认为自家孩子又没病，为啥要挨那一针，还要吃那些红红绿绿的药丸。为了让村民能够认识到接种疫苗的必要性和重要性，王元林耐心地一趟趟上门，一遍遍解释。兰家山村的赵桃娥是个聋哑人，家里的三个孩子都到了接种疫苗的年龄。王元林曾先后多次上门沟通，但均无果而返。为了能够让孩子们尽快接种疫苗，他专门请人帮忙，用哑语把道理说清楚了。可赵家家庭贫困，无力支付接种费用。王元林便自己垫钱给三个孩子打上了疫苗。

王元林常说"针眼上的是天大的事，件件都马虎不得"。一个细节把握不好，都可能带来不可挽回的后果。为了保证每次接种的万无一失，王元林兜里总会装着几个巴掌大小的记录本。上面密密麻麻地记录着每个孩子的详细接种信息。每个月，他都会根据这些记录制定一张接种行程表，哪天到哪几个村，给村里哪几个孩子接种，都标注得清清楚楚，一个不漏。像这样的小本本，工作以来他已经积攒了一大口袋。

为了让每一个孩子都能如期接种上疫苗，王元林几十年如一日，寒暑不畏，风雨无阻。一年冬天，寒风凛冽、大雪纷飞，根据行程这天要到村民李天亮家给新生儿接种。王元林不顾天气恶劣，背起药箱，顶着风雪，徒步赶往10多里外的南黄苇村。经过两个多小时的艰难跋涉到达李家时，李天亮惊诧地说："这么大的雪你还来？"王元林却答："这么大的事，我怎能不来？"

王元林长期坚守在贫困山乡，为十里八村的防病治病工作做出了巨大贡献。但他的收入水平并不高。从起初每月26.5元，到80年代每月60元，再到2010年每月370元。他的家庭收入不及全县农民人均收入水平，连自家的房屋都无力修缮，一身粗布衣衫多年未换。但参加工作37年来，他从未计较工资待遇，以苦为乐，把群众的信任作为最大的财富，把群众的认可作为最高的荣誉。

在37年漫长的工作生涯中，王元林始终把服务群众作为自己的人生追求，把全部的精力和热情都贡献给了防疫事业，努力践行自己"一生做好一件事"的庄严承诺。

39 赵振金：基层百姓的保护伞

他当了 20 年基层派出所所长，没有豪言壮志，没有惊天动地的壮举，只有平凡岗位上无私的敬业奉献；他一生不图升官，不图发财，但求为百姓当所长，当人民群众满意的所长；他特立独行的个性和简单、清廉的生活方式，塑造了当代人民警察的良好形象，为基层派出所所长树立了榜样。他就是一点一滴哈下腰去为老百姓做事、终因过度劳累而殉职的大连市新港派出所原所长赵振金。

赵振金，1951 年出生，辽宁省大连市人。1968 年参军入伍，1979 年参加公安工作，1986 年至 2006 年 6 月，任辽宁省大连市开发区新港派出所所长。在派出所所长这个岗位上，他一干就是 20 年。

赵振金常说："老百姓是我们的衣食父母，派出所是为老百姓存在的，没有老百姓也就没有存在的必要了。我们要一点一滴哈下腰来为他们做事。"所以，在赵振金这里，只要是老百姓的事，不论该管不该管，他全都管了。

赵振金心系辖区群众，时刻把群众的冷暖挂在心上。他摸查辖区居民情况，登记了50多名孤寡老人、残疾人、军烈属等特困群众信息，把他们定为重点服务对象，由外勤民警分工负责，定期上门服务。逢年过节，赵振金还率领民警带着油、米、面上门走访慰问。派出所每年从有限的活动经费中挤出钱来，为6个"五保户"和残疾人安上了"爱心专线"电话，有事随叫随到。

2001年8月的一天，新港降暴雨，阎家屯的很多老人被突然涌入的大水困在了家里。接到警情，赵振金带着民警迅速冒雨赶来，挨家挨户上门查看，把被困老人转移到安全地带。全屯人撤离完，为了保证群众的财产安全，他和民警们日夜轮流坚守在洪水区。大水回落后，屯子的人回到家，看到家里的东西一样都不少，心里都很感动。

在新港群众心中，赵振金就像是自家的儿子、大哥，遇到任何困难找到他，他都会全力相助。一年冬夜，刚从黑龙江鹤岗来的外迁户高永泰的媳妇难产，需要赶紧转到几十里地外的区医院。当时时间已经很晚，又赶上下雪，实在叫不到出租车。高永泰跑到派出所，找到了正在值班的赵振金。赵振金了解情况后，二话不说，骑着侧三轮摩托，冒着风雪，把高永泰夫妻俩安全送到了医院。凌晨3点，孩子顺利降生。初为人父的高永泰激动万分，马上跑向等候在走廊的赵振金报喜，却发现他坐在走廊的长凳上睡着了。看着耳朵都被冻黑、蜷缩成一团的赵振金，高永泰的眼泪一下子流了出来……

★ 为民篇 ★

20年里,赵振金始终奋战在公安基层第一线,兢兢业业,恪尽职守。他到底为老百姓办了多少事,谁也说不清。2006年6月,因业绩突出,赵振金被破格调到大连市开发区公安分局黄海路派出所任教导员。然而不幸的是,三个月后,他因过度劳累与世长辞,终年55岁。

40 宫清华：力挡车兮气概世

"党和百姓不会忘了我。"这是一位公安民警在弥留之际流着眼泪对妻子说的话。当时《新闻联播》节目正在播报他为救百姓、不顾个人安危用身体抵住下滑汽车的英勇事迹。他就是被誉为"欧阳海式的英雄"的张家口市公安局庞家堡林业治安派出所原所长宫清华。

宫清华，1951年出生，山西省繁峙县人。1970年参加中国人民解放军。转业后，宫清华的职位历经多次调整，当过乡武装部部长，做过政法委科员，也担任过镇党委副书记，之后又被调去派出所做民警。虽然岗位在变，但是他共产党员的本质没变，为人民服务的信念没变。对此，他曾说过："无论当不当'官'，无论在什么岗位，最重要的是好好工作。"

1995年3月，宫清华奉命筹建林业派出所。起初，派出所条件相当简陋，门关不严，窗户没有，屋顶还漏雨。身为所长的宫清华拿出了自己所有积蓄，带领大家苦干一月，修好了房子，添置了桌椅。当时所里警力严重不足，只有3个人。宫清

 ★ 为民篇 ★

华便亲自带队,每天天不亮就上山巡查守候,直至深夜才返回。仅三个月,就成功破获纵火盗林案16起,扑灭林火2次。深山地区交通不便,群众要想办户口不得不走几十里的山路。宫清华为更好地服务群众、方便群众,每月上山两次,把办好的户口本送到村民家里。

1995年11月9日,大段地村党支部书记王和到林业派出所报案,称村里的集体果树被盗。接案后,宫清华非常重视,决定亲自牵头侦办。他多次带人到事发现场调查取证,又走访附近群众获取线索,经过连日艰苦奋战,基本查明了案情。为进一步确保事实清楚,宫清华从盗窃嫌疑人家里提取了一段被盗果树的样品,不顾连日疲劳,亲自驾车前往大段地村让村民辨认。

当车行至崎岖陡峭的盘山路时,正巧遇到王和带领十几名村民在修山路。宫清华停稳车后,立即下车招呼王和上前辨认被盗果树。就在这时,意外发生了。由于山陡路峭,刚停下没多久的汽车突然失控下滑。在一旁的王和跳上驾驶室,试图停住车辆,但他并不懂驾车技术,没能奏效。此时,在车后数十米的地方,十几名村民正埋头修路,对即将到来的危险毫无觉察。

危急关头,宫清华不顾个人生死,快速跑到车后,用身体奋力顶住下滑的汽车,为王和及修路村民争取时间。汽车下滑的惯性让宫清华不断地后退,但他想到车后还有没及时撤离的群众,始终没有躲闪一步。宫清华借助躯体的阻力和连续两次"打掩"作用,成功迫使下滑的汽车改变了运动方向,停靠在绝壁一侧。最终，人民群众安全了，汽车也保住了，而他却因伤势过重抢救无效而不幸离世。

宫清华把为人民服务记在心中，体现在行动中，用自己的生命向我们诠释了一名人民警察的历史担当。

41 牛玉儒：
时刻想着给老百姓办点事

"人民的利益高于天。"这是他的座右铭。为官一任，他始终胸怀群众，把群众的呼声当作第一信号，把群众的需要当作第一选择，把群众的满意当作第一标准。他就是被当地群众誉为"平民书记"的牛玉儒。

牛玉儒，1952年出生，内蒙古自治区通辽市人。1975年加入中国共产党。牛玉儒是草原上成长起来的优秀少数民族领导干部。在担任领导职务的20多年里，他心系百姓，勤政为民，竭力为群众多办事、办实事、办好事。他常说的一句话就是："我们手里有点权，就得想着给百姓办点实事。"

在众多工作中，牛玉儒特别重视民生，尤其是下岗失业人员的再就业和社会保障问题。牛玉儒当包头市市长时，曾专门委任自己的市长助理道尔吉"就抓好一件事，那就是劳动保障和再就业工作"。他说："这个事是天大的事，是我最担心、最不放心的一件事，你一定要办好！"

当时包头的财政仅是个"吃饭的财政"，无法拿出太多的钱做社会保障事业。牛玉儒就从手里仅有的1000万市长预备金中，拨出500万用于支付下岗保障金。2000年4月，政府暂时没钱发放退休金和养老金。牛玉儒提出党政机关干部推迟发一个月工资，拿去发放退休金和养老金。他说："这些干部迟发一个月没什么问题，但是对于那些老人，那是活命钱呢！"

牛玉儒体恤民情，最挂念的是弱势群体。2004年春节前，牛玉儒到基层慰问贫困户，其中一户是青山区孙震世老人家。进门以后，牛玉儒打开装米面的柜子，只找到半袋面，看他家连电视也没有，心情很沉重。牛玉儒坐在他家的小凳子上详细询问他家的生活状况。老人说自己因残丧失劳动能力，全靠政府救济生活，家里为供养女儿上大学，已经欠下两万多元外债。听完老人家的话，牛玉儒眉头紧皱，眼噙泪花，再也坐不住了，当即慷慨解囊，随行的人也都纷纷捐了款。临走时，牛玉儒又把民政局的3000元慰问金和5000元助学金递到孙震世颤抖的手中，并保证年三十还要让他们这样的家庭看上电视。

牛玉儒十分重视城市的基础设施建设，把城市当作自己的家一样关心和装点。有一次，牛玉儒在视察呼和浩特市城建工程时，看到人行道上才刚铺了一个多月的方砖就出现了裂缝。他生气地对市建委干部说："这都是老百姓的血汗钱，每一分都该用好，我们本就不发达，你们这样做，良心何在！"

牛玉儒出门爱打出租车，不少"的哥"不经意间成了他的"高参"。一次，牛玉儒搭乘"的哥"郝东升的车。路上，牛玉儒问他觉得路况怎么样。郝东升说，路窄了些，走着走着就堵

 ★ 为民篇 ★

车。牛玉儒说,是该解决了。情况很快就有改观,四车道变成八车道,路边有了绿树,交通堵塞的问题也解决了。

在牛玉儒工作过的地方,与他交往过的老百姓,无不对他深深眷恋,忘不了这位"平民市长""平民书记"。然而长期的超负荷工作使牛玉儒的身体亮起了红灯,最终积劳成疾,于2004年8月14日在北京逝世,时年52岁。2004年,牛玉儒被评为感动中国十大人物之一。

名叫牛玉儒,人像孺子牛。他把毕生精力奉献给了党和人民,直到生命的最后一刻,在人民心中树立了不朽的丰碑。

42 达吾提·阿西木：震区群众的主心骨

在新疆维吾尔族自治区巴楚县琼库尔恰克乡，有一位被群众称为"主心骨"的村支书。他在地震中痛失5位亲人后，擦干眼泪，默记誓言，带领全村百姓夺得抗震救灾的胜利，在废墟上建起生机勃勃的新家园。他就是吐格曼贝希村党支部书记达吾提·阿西木。

达吾提·阿西木

达吾提·阿西木，维吾尔族，1952出生，中共党员。自1993年4月担任村党支部书记以来，达吾提·阿西木工作兢兢业业，一丝不苟。

2003年2月24日清晨，达吾提·阿西木像往常一样给家人准备好早餐后，出门去了村委会方向。但是刚刚走出家门不远，他就突然感到脚下的大地震动起来，紧接着周围的房屋接连倒塌。"不好，地

震了!"达吾提·阿西木心头一紧,赶忙往家跑,然而自己家的院墙和房屋早已被强烈地震夷为平地。他一秒钟也不敢耽搁,立马扑在地上用双手狠命地刨挖,妻子、大儿子、大儿媳、小儿子、小儿媳妇和小孙子的尸体被陆续刨了出来。

达吾提·阿西木说:"那时我多想扑在亲人身上痛哭一场啊!但作为村支书,我想到了周围群众受灾情况一定很严重,他们更需要我。"强忍着巨大悲痛,达吾提·阿西木迅速组织村干部、党员、民兵投身到抗震抢救的战斗中。从倒塌的房屋中到底刨出多少人,他自己也记不清楚。

"灾后的情形如果没有稳定的心态,人也会跟着灾难一起垮掉。要想抵御这种灾难,就应该有坚定的信念。"达吾提·阿西木回忆说道。在这种信念的支撑下,达吾提·阿西木和村里的党员们在危难时刻主动挺身而出,成为乡亲们的"主心骨"和"脊梁"。

在之后的灾后重建中,达吾提·阿西木承担起了总指挥的重任。他夜以继日地组织村民有序领取救灾物资,帮助村民开荒拓地,重建家园。达吾提·阿西木还主动帮助在地震中失去丈夫和儿子的姑丽力沙·瓦依提耕地、播种,并安排四名党员帮助她管理棉花;为村民买买提·艾力百克送去重建房屋所缺的木头,还找人帮助他建好房;无偿捐助给依明·外力和艾合买提·卡吾力两只母羊和一头母牛;联系两户贫困户,给他们出主意、找路子……达吾提·阿西木说:"只要我还有一口气,就一定要为村民服务到底。"

达吾提·阿西木带领着全村农民投入到经济建设之中，找准本村的优势，修建养殖场，重点发展养牛业。启动资金不够，达吾提·阿西木就把全部积蓄拿出；缺少技术，就一趟趟跑技术部门请专家。很快，村子就建起了一座颇具规模的养牛场。如今，吐格曼贝希村成了全乡的养牛专业村，村民踏上了寻求脱贫致富的路子。

达吾提·阿西木任村党支部书记以来，始终舍己为公、一心为民，深受当地群众的拥护和爱戴。每每提到达吾提·阿西木，当地的乡亲们总会竖起大拇指说："我们村支书，亚克西！"而达吾提·阿西木说得最多的一句话是："帮助大家，是党员的责任。"

43 | 冉绍之：
情系三峡库区移民群众的好干部

三峡工程，百万移民，人称"世界级难题"。而库区的一位基层干部，不畏艰辛，埋头苦干，无私奉献，用心血和汗水向它发起挑战，向党和人民交出了一份满意的答卷。他就是时任四川省奉节县安坪乡党委书记、乡长的冉绍之。

冉绍之，1953年出生，重庆奉节人。1976年7月入党。1992年，奉节县安坪乡被确定为首批三峡移民试点乡，也就是在这一年，冉绍之被选为安坪乡乡长，开始投身到移民工作。

奉节县安坪乡是一个移民大乡，动迁任务十分艰巨，涉及人口5000余人、农田5000多亩、房屋近11万平方米。面对这样一个难题，该如何找到突破口呢？刚上任的冉绍之亲自带队对全乡境内的30多千米的长江江岸线反复进行勘察，步行近150千米，最后选定了安坪乡大堡三社作为移民试点。试点是选好了，但是村民们对于移民工作并不支持，更不愿带这个头。工作人员上门丈量时，农民阻挠画线，有的甚至砍断绳子、毁坏量具。开荒改土时，有农民认为坏了当地风水，干脆躺在炮眼上阻止开工,并威胁说:"要炸就把我炸死算了!"

面对村民的各种不理解、干扰甚至阻挠,冉绍之保持着清醒的头脑,他说:"农民的行为主要是不理解国家政策而造成的,这说明我们的工作还没有做到家,必须耐心细致地给农民讲明道理。""移民为国家做出了这么大牺牲,有些怨气,发些牢骚我们得体谅啊!"

为了做通村民的工作,冉绍之挨家挨户做思想工作,宣讲国家移民政策。长期的奔波劳累让冉绍之的关节炎频繁发作,上坡时他只能靠别人前拉后推。通过狭窄的山路,他只能手脚并用地爬行,两只手磨得皮破血流。

那段时间,冉绍之不知磨破了多少双鞋,不知走过了多少里路,更不知开过了多少次座谈会。他耐心地给村民们讲道理,算细账,谋划以后的好日子,最终打动了村民们,大家一致同意搬迁。但是同意搬迁也只是第一步,为了确保安置的成功,冉绍之还加入到了移民点的各项建设工作中,帮助村民修路、建房,鼓励全乡种植脐橙,发展特色农业。

在冉绍之的带引下,经过两年多的奋斗,大堡三社开荒建成脐橙果园105亩,昔日的荒山坡变成了如今的层层梯田。移民也告别了传统破烂不堪的土坯房,搬进了宽敞明亮的水泥房。在大堡三社试点中,冉绍之摸索出了一套"江边一条路、路边一排房、房前工商业、房后种果粮"的移民安置模式,成为就地靠后安置的典型。

在20多年的移民工作中,冉绍之心系大局,同时又懂得农

 ★ 为民篇 ★

民的痛苦。他知道舍弃土地和淹没祖坟对中国农民来说是多么大的牺牲，他总是想方设法最大限度地减少移民的痛苦和损失，因此他也受到了库区人民的拥护和爱戴。在大堡三社，当地的年轻人都喜欢亲切地称冉绍之为"老辈子"，这不仅是因为冉绍之年龄长，更因为他们从冉绍之身上看到了好人的力量，学到了做人的道理，把他看作自己的贴心人。

44 | 贾立群：
患儿家长心中的"B超神探"

这位大夫的白大褂，口袋怎么是缝起来的？

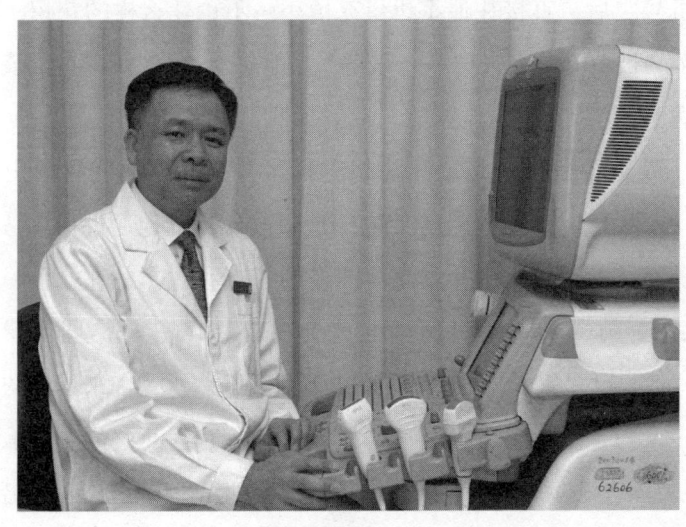

贾立群

没错，确实这样，首都医科大学附属北京儿童医院的贾立群大夫，凭借精湛的业务，不知多少次化解了患儿的险情。为了表达对他的感谢，很多家长想要给贾立群送红包，但是贾立

 ★ 为民篇 ★

群坚持不收,一次又一次地谢绝了。在一次推脱红包的"拉锯战"中,贾立群"不敌"热情的患儿家长,最终"败下阵来"。败在了哪里呢?定睛一看,自己白大褂上两个深深的口袋竟然被家长扯坏了。无可奈何,贾立群就把衣服兜撕下来了,可又觉得太难看,干脆把衣兜缝死了。从此,"缝兜大夫"的绰号便在家长间传开了。

往兜里塞红包是实现不了了,家长们又"别出心裁"地想尽各种方法来感谢贾立群。有的家长把红包夹在报纸、杂志里,趁贾立群不注意时硬别在他裤腰带上。还有家长知道贾立群的手机号之后,直接往他手机里充值……不论什么样的花招,最终都会被贾立群大夫"一一破解"。他总说:"把钱用在给孩子看病上吧。"

贾立群是北京儿童医院超声科名誉主任,河北省唐山市人,中共党员。从事 B 超检查工作 30 多年来,他通过在自己身上反复试验,摸索出儿童超声图像的特点和规律,练就了一双"火眼金睛"。许多家长慕名前来,就是为了做"贾立群牌"B超。他早已是家长们心目中的"B超神探"。因为前来看病的人太多,为了不让患者扑个空,能够得到及时诊断,贾立群承诺"只要人在北京,24 小时随叫随到"。为此,他一直住在距离医院不远的一套 40 多平方米的职工宿舍里。有一天夜里,他从床上被急诊叫走了 19 次。

有次,一家长带着只有 2 个月大的患儿找到贾立群,说带着孩子在其他医院看过,其他医院诊断是良性肝脏血管瘤,但经过治疗并未见好转。贾立群经过诊断后，觉得孩子的病有两种可能性，可能是良性的肝脏血管瘤，也可能是恶性的肿瘤肝转移，但目前难以确诊。确诊的难点在于，这两种疾病在B超图像上的表现几乎是一模一样的，唯一不同的是，如果是恶性肿瘤肝转移，会有一个原发瘤。贾立群拿着探头一遍遍地在患儿的腹部划过，终于找到了一个黄豆大小的结节，这就是疾病的"元凶"。最后的手术和病理结果证实了他的诊断，经过治疗，孩子痊愈了。

没过多久，孩子的父母又抱来了患儿的孪生妹妹，妹妹和姐姐有着一模一样的病情。可这次，贾立群却没有像他预想的那般，顺利找到疾病的源头。于是贾立群连续几天埋头在大堆大堆的文献资料里，经过大量的调查和整理，贾立群终于找到了答案，原来，这个疾病不仅会通过肝转移，还可以通过胎盘进行转移，转移到另一个胎儿的肝脏上，妹妹的病就是通过胎盘转移而患上的。这种病情在中国仅此一例，世界上也非常罕见。

做B超必须空腹，小小的孩子们要挨饿，这让贾立群十分不忍心，他为了让孩子们少饿一会，让家长们少担心一会，就直接不吃午饭，连续坐诊。由于经常出急诊，生活作息不规律，贾立群自己的身体也逐渐开始不如从前。一次上班时，贾立群感觉肚子疼，起初以为只是普通的肠胃炎，看到外面还有那么多远道而来的病患在等着诊断，贾立群觉得自己可以忍一忍，没什么大不了。可是后来却越来越疼，疼得贾立群直不起腰来，实在疼得受不了了，他只好一手捂着肚子，另一只手拿探头做

了一天的检查。

辛苦的工作一直到晚上才结束,这时他才有时间去看医生,被确诊为阑尾炎。因为没有得到及时治疗,阑尾已经穿孔坏疽了,随时可能发生危险,医生马上给他做了手术,术后颇有些责备地对他说:"亏你自己还是医生呢,居然来这么晚。"贾立群却说:"看到家长和患儿们期盼的眼神,于心不忍。"

贾立群就是这样,把职业当作一生的事业,几十年如一日忘我地付出。他常说,作为一名儿科大夫,为孩子做任何事情都是值得的。

45 杨光斌：枪战恶徒保人民平安

"汉江之滨，一座丰碑。"这是襄樊当地群众在一位英雄出殡那天送来的一副挽联。30多年前，这位英雄在缉捕持枪暴徒时遭遇顽抗，为制止穷凶极恶的歹徒伤及无辜群众，身负五弹仍英勇还击，当场击毙一名歹徒后壮烈牺牲。他就是襄樊市公安局樊东分局清河口派出所民警杨光斌。

杨光斌，1953年出生，湖北省襄阳市人。1974年，任收审所看守员，一年后转为民警。1988年，因工作需要，转调清河口派出所。在新的岗位上，杨光斌一如既往地兢兢业业工作。在牺牲前的5个多月内，他累计加班达700多个小时。

提起杨光斌的牺牲，时任清河口派出所副指导员左跃进仍很激动，他说："如果当时他退出来就不会牺牲，但是暴徒有枪，情绪激动，一旦逃脱，势必对周围群众和其他同事的生命造成极大威胁。他用自己的生命换来了群众和同事们的安全。"

1989年6月6日，襄阳县发生一起特大入室盗窃案。清河口派出所民警当场抓获嫌疑人杨某，另外两名犯罪嫌疑人逃逸。

 ★ 为民篇 ★

起初，狡猾的杨某避重就轻，拒不交代关键信息，后经多次审讯，终于在9日17时，交代了同伙李某等人的住址信息。当晚，杨光斌便带队前往罪犯李某的住处查捕，见是派出所来人，李某顿感惊慌，"嗖"地从床上站了起来，端起冲锋枪指向杨光斌等人。危险时刻，杨光斌凭借多年从警经验以及过硬的心理素质，机智地与罪犯攀谈周旋。趁罪犯稍不留神之际，他一个侧身蔽体，迅速拔枪推弹上膛，一时间双方剑拔弩张。

而在这时，周围不少听到动静的群众，有的开窗探头，有的打开房门，还有些走出家门，想看看到底发生了什么事情。事态紧急，杨光斌立即指挥一名同志尽快疏散围观群众，同时用眼神示意另一名同志去后门包抄。见逃跑无望，李某突然发疯似地胡乱开枪扫射。杨光斌果断开枪还击，连射两弹，击中了李某的胸部、腹部，而他自己也身中5弹，两人双双倒地。

身受重伤的李某仍不死心，妄图做最后的垂死挣扎，他换上弹夹，打算冲出房门，对附近围观群众扫射。如不及时阻止，一旦让李某得逞，后果不堪设想。千钧一发之际，尚有一丝意识的杨光斌仍不忘职责，心系群众安危，忍负剧痛，艰难地举起枪瞄准歹徒的脑袋，扣动扳机将其当场击毙。杨光斌也因失血过多，壮烈牺牲。

杨光斌牺牲的噩耗传来，当地群众沉浸在无限的悲痛之中。目睹杨光斌牺牲的刘大妈禁不住失声痛哭："我们的救命恩人啊！要不是你把罪犯打死，一梭子子弹打来，我们就……"出殡那天，当地很多群众自发前来送别英雄，从殡仪馆到烈士陵园，绵延数千米。

杨光斌在平凡的岗位上做出了不平凡的事迹，即使在生命垂危之际，仍信念坚定，不让暴徒逃脱，不让群众受伤，用鲜血和生命保护了群众的生命财产安全。

46 高德荣：独龙族同胞脱贫路上的领路人

独龙族是我国人口较少的少数民族之一，也是云南省人口最少的民族。2019年9月18日，一条来自北京的喜报，传进了西南边陲高黎贡山脚下的独龙江，他们的老县长高德荣荣获了"人民楷模"国家荣誉称号。

这位土生土长的独龙族干部，皮肤黝黑，手指粗糙，几十年来风风火火，带领着独龙族同胞走在脱贫奔小康的大道上。虽然很多独龙族同胞们没有见过他，但是大家都听说过他"传奇"一般的事迹。

高德荣，1954年出生，云南省贡山独龙族怒族自治县人。提到自己的民族，高德荣讲述了独龙族的三次大跨越：第一次跨越是1949年，贡山和平解放，独龙族直接从原始社会末期过渡到了社会主义；第二次跨越是在1999年，独龙江简易公路修通，封闭的少数民族村寨终于和外面的世界有了连接；第三次跨越可以从2010年算起，那一年，由政府指导的"独龙江乡整乡推进、独龙族整族帮扶三年行动计划"启动，全族人民迎来了新的发展契机。

高德荣

人口较少，加之地理位置偏远，自然条件恶劣，党和国家各级政府制定了各种优惠政策来扶持当地发展。虽然有各种帮助，可是当地的发展一直比较落后，高德荣认为，不能总是伸手向国家要，要求国家给自己帮助，而是应该多想想怎样放手去干，自己动手，才能丰衣足食。

于是，高德荣认真思虑之后，规划了当地的发展。房子盖好了，水电都通了，是时候因地制宜地发展当地的特色产业了。2007年，高德荣的科技意识就已经显现，他开始推广草果种植，为帮助群众尽快掌握科学的草果培育种植方法，他建立草果等经济作物科学种植培训基地。有了高德荣的帮助和当地林业部门的支持，群众快速学会了草果的种植方法，草果很快成为独

龙江两岸的一大生态产业。

2014年,独龙江隧道贯通通车,原本崎岖的道路,现在又平整又便捷,从贡山县城到独龙江只需3个小时,四季畅通。有了与外界联通的道路,就有了致富的道路,独龙族群众开始逐步走出贫困。

在帮助群众脱贫的同时,高德荣还不忘当地的生态保护。早在1996年独龙江简易公路修建时,高德荣就提出,要最大限度保护沿途的植被。如果发现乱砍滥伐的行为,高德荣不仅会当场制止并批评,还会不讲情面地向当地林业部门举报。提起高德荣,贡山县林业局局长肖永福佩服地表示,老县长一个人对独龙江动植物的保护,超过七八个森林管理员的力量。

2000年以来,高德荣积极配合林业部门推动全乡退耕还林、植树造林。现今,独龙江上碧波荡漾,江畔郁郁葱葱,良好的生态环境不仅提升了当地群众的生活质量,也吸引了更多的游客前来旅游观光。未来,充满希望的旅游产业又将给美丽的独龙江带来新的生机与活力。

47 邓平寿：奔走在田坎的书记

他下乡从不坐汽车，他的办公室永远向群众敞开，他让一个山区穷镇变成了远近闻名的富镇，最后病逝在工作岗位上。他就是被当地群众亲切称为"草鞋书记"的邓平寿。

邓平寿，1955年出生，重庆市梁平县原虎城乡上丰村人。1975年加入中国共产党，1976年参加工作，2007年去世，生前系重庆市梁平县虎城镇党委书记。

31年来，邓平寿一直保持农民本色，从不把自己当"官"，喜欢和群众打成一片。他一心为民办事，以农民的疾苦为疾苦，以农民的问题为问题，坚持把农民的问题解决在地里。

邓平寿喜欢下乡，但他不坐车，用脚走，他说："农民的问题在地里，我坐在轿车里，农民不会来找我说话办事。"前些年，乡里的路不好，都是泥巴路，农民不管晴天还是下雨天都穿草鞋，泥巴裹腿。当了书记的邓平寿也穿上了草鞋，他发誓："虎城农民不脱草鞋，我就不脱！"所以当地百姓都喜欢称他"草鞋书记"。

后来随着农民的生活好了起来，大家都不穿草鞋了，但是邓平寿走路下乡这条没有变。在百姓眼里，邓平寿不像书记，更像是邻家的大哥。每次下乡，他的装束总是一身灰衣，一双胶鞋，一个黄色帆布包，包里装着桑剪、嫁接刀、蚕药和农技书。邓平寿走一路，看一路，问一路，记一路。据说，虎城镇70多平方千米的土地上，哪块地的秧子长得不好，哪条路的路段垮了块石头，哪棵桑树树干没刷白，谁家的茧子生病了……邓平寿都晓得。路上碰到群众干农活，邓平寿总会上去搭把手。"你挑一挑担，他会接过去替你一程；你给果树剪枝，他就摸出剪刀帮你一阵。"碑垭村二组的养蚕大户罗立德回忆起邓平寿来仍然激动地说道。虎城的老百姓都说他"不架势"（没架子），给他编了一个"四子歌谣"：不坐车子，不戴（草）帽子，不摇扇子，手上有块汗帕子。

每月的二、五、八赶场，是邓平寿最快乐的日子。这几日，邓平寿一准坐在办公室接待百姓。从一大清早开始，赶集的百姓——挑担的，背筐的，背着娃儿的，抽着旱烟袋的，脚上沾着泥巴的……都往他屋里跑，向他反映问题，求助帮忙。即便有些没啥事的人，也会到这里来就为歇歇脚，和他唠唠嗑，喝口茶。邓平寿办公桌上那个泡着老荫茶的大茶杯，谁渴了谁抱过来喝；靠墙边那套足以挤下10来个人的棕色人造革沙发，一整天都是满满当当的，天长日久，坐垫早已磨得发白。

邓平寿白天为了百姓到处跑，到了晚上他也不歇着。夜晚邓平寿总在做两件事：第一件事是给17个村的村主任挨个打一遍电话,询问各村情况。由于天天晚上打,以致全镇村干部的电话他都烂熟于心。第二件事就是读书,尤其是农技书。他说:"给群众办事,不懂技术,就会说外行话。"

2007年1月,邓平寿像往常一样下村检查,积劳成疾的他突发重症胰腺炎倒在了工作第一线,后于2月不幸去世。出殡那天,成千上万的群众戴着自制的白花自发前来为他送行。邓平寿去世后,2007年7月,中共中央组织部、中共中央宣传部发出通知,要求广泛开展向邓平寿同志学习的活动。2009年,邓平寿入选"100位新中国成立以来感动中国人物"。

作为主政一方的党委书记,邓平寿却从来不把自己当领导。他俯下身子,走出车子,发现农民的问题在地里,将农民的问题解决在地里,这是一个领导干部的责任心,更是一名共产党员的初心。

48 梁雨润：执政为民的"百姓书记"

"官可以不当，老百姓的事不能不办。"一句掷地有声的话，喊出了他作为一名共产党人的责任和担当。为官以来，他一心为民，视百姓为衣食父母，以人民利益为根本利益，赢得了当地群众的信任和爱戴。他就是被誉为"百姓书记""爱民干部"的梁雨润。

梁雨润，1956年出生，山西省芮城县人。1974年9月加入中国共产党，1971年12月参加工作，1998年任夏县纪委书记。

山西夏县，这是一个素以"上访多、告状多、恶性案件多、集体闹事多"远近闻名的地方。1998年6月18日，也就是梁雨润刚到任的第6天，一封群众来信就摆在了他的案头。信的内容是农民胡正来控诉县法院法警非法提走因儿子死亡得到的17000元抚恤金。为了此事，胡老汉告状两年未果，几乎绝望了。看完信，梁雨润当即决定到这位农民家里了解情况。到了胡老汉家，梁雨润看到那残破不堪的屋院，踏进黑乎乎的窑洞，听着胡老汉凄惨的哭诉，看到胡老汉精神失常的老伴，梁雨润当即决定,一定铁下心来办理此案。回去后,梁雨润立即成立调查组,冲破重重阻力,经过七天七夜的内查外调,终于使案情大白。胡老汉的抚恤金讨回来了,违法的法警受到了法律的严惩。

1998年10月8日,梁雨润接待了前来投诉的果农史英俊。史英俊是夏县胡张乡王村村民。前些年,得益于党的富民政策,他通过自己的辛勤劳动,成了村里数一数二的富裕户。谁知一场横祸,几乎使他家破人亡。1996年1月,公安民警李将和法院法警杨海东等五个"大檐帽"密谋,凭一纸伪造的假协议、假公正书,在非法拘禁和折磨史英俊的同时,公开持枪到史家将储藏在果库的苹果抢劫一空。此后的3年时间里,史英俊记不清跑了多少路,进了多少门,终因李将等人后台硬,一直没有告出结果。听完这血浸泪泡的控告,梁雨润顿时觉得血往头上涌,火从眼中冒。"简直是无法无天!"梁雨润对史英俊说:"老史,你回去,我们马上就上你这个案子。"染雨润很快成立调查组,但困难和阻力也随之而来。当时有人公开叫嚣:"梁雨润,你有什么了不起,小心收拾你!"那段时间,恐吓电话也从梁雨润的家里追到他住院的病房。梁雨润无所畏惧,经过一个多月的艰苦奋战,调查组终于查清了公安、司法、法院三个执法机关5顶"大檐帽"合伙欺负一个"破草帽"的全部事实,涉案人员全都得到了应有的制裁。

梁雨润在夏县任纪委书记的3年间,查处大小案件200余起,解决了很多久拖未决的疑难案件,被当地民众誉为"梁青

天"。2001年3月5日,梁雨润调离夏县,上千群众自发地为他送行,现场感人至深。2003年,梁雨润凭借执政为民的感人事迹,荣获"感动中国2003年度人物"。

离开夏县后,梁雨润又历任运城市纪委副书记、监委副主任,省信访局副局长,省纪委副厅级检查员。他的岗位在变,但作风没有变,一心为民的心没有变。

49 叶欣：用生命护卫生命

2003年，"非典"暴发，由于当时对这种病毒缺乏足够的认识，兼之病毒本身的高传染率，人们一时陷入恐惧。广东省中医院二沙分院急诊科护士长叶欣却放下了这份恐惧，坚守在一线，最终在这场抗击非典的战役中"奉献"出了自己生命。

叶欣，1956年出生在广东的一个医生世家中，外祖父与父母都是医生。1974年考入广东省中医院"卫训队"，开始了自己的从医之路。在"卫训队"中，年纪小的叶欣却敢于冲在先、学在先、干在先，后因学习能力突出、品德高尚，留院参加工作。

工作中的叶欣兢兢业业，不断攻克难关，因业务能力突出，28岁的叶欣于1984年被提拔为广东省中医院急诊科护士长。在与生命赛跑的急诊科，叶欣投入了自己的全部精力，多年的急诊室工作经历中，她已经数不清救下来多少病人，无论是紧急救援跳楼的垂危人员，还是悉心照料身患艾滋病的患者……叶欣从来没有畏缩，总是冲在一线。

红色基因 | ★ 为民篇 ★

"危险的地方，让我来吧！"抗击"非典"战役打响后，叶欣勇于承担起了最危险的工作，毫无怨言。遇到危重病人时，她与急诊科主任张忠德合作，尽力揽下"非典"病人的检测、治疗等一系列工作。他们用自己的身躯将其他的医护人员挡在身后，甚至会采用一些近乎不留情面的做法，把其他医护人员锁在治疗室外，尽力让他们免受感染。

叶欣

然而，叶欣却被病毒传染，病倒在床上，即便如此，她还是会通过通话设备，了解其他患者的病情。遇到医护人员来检查和治疗时，叶欣总会不断叮嘱他们，穿好隔离服，多带几层口罩，做好防护工作。后来，叶欣病重，慢慢地说不出话，她就用笔去写，并去告诉大家："不要靠近我，会传染……"

2003年3月25日，叶欣不幸病逝，永远离开了她的家人和她热爱的岗位，当时年仅47岁。按照叶欣的遗愿，大家给她穿上了一套护士服，送她走完最后一程。

同年，我国著名漫画家廖冰兄被叶欣的事迹感动，成立了"叶欣护士长基金"，以此来奖励在抗击"非典"做出突出贡献的护士们。88岁的廖冰兄更是亲自为叶欣塑像手书"大医精诚"。"精"于业,"诚"于德,或许这正是叶欣一生的写照。

南丁格尔奖章是国际医学界对护士的最高荣誉和褒奖,每两年评选一次,虽然当时的申请日期已超过最后期限,但是红十字国际委员会看到叶欣的突出贡献,破例接受。并在2003年5月12日护士节这天,授予叶欣南丁格尔奖。

叶欣虽然去世了,但她的名字却时常被人们提起,仍鼓舞着一代又一代的医护工作者更加热爱自己的工作岗位,勇于承担起自己的职责与使命。

50 孟二冬：
一生践行真善美的教育工作者

"现在我是棵病树，但我这棵病树有信心和你们这些参天大树一起，去迎接春天，拥抱春天！"这是孟二冬教授在生命垂危之际发自肺腑的呐喊。2004年3月，北京大学中国语言文学系教授、博士生导师孟二冬为支援新疆高等教育事业的发展，强烈要求到北京大学对口支援的石河子大学工作。

在支教的这段时间里，孟二冬非常珍惜这份机会，努力把自己的全部知识传授给石河子大学的师生们。他给支教学校上的第一节课是唐代文学，同学们至今仍然印象深刻的是一位身材魁梧、衣着整洁、风度翩翩的中年男老师走到讲台，随之传来他那中气十足的声音——"同学们好，我是北大的孟二冬，现在开始上课。"整堂课，孟二冬的讲授时而旁征博引，时而文采斐然，时而生动形象，再配上他那古朴却别致的竖行板书，浩瀚古代文学的大门就这样为边疆的莘莘学子打开。那堂课，大家都做了厚厚的笔记，沉浸在知识的海洋无法自拔。

学生们发现，在孟二冬老师的课堂上，不仅能感受唐代文学的繁盛气象，还能学习到研究历史的方法。孟二冬告诉学生，要多读书，相信书，但不要尽信书。他让学生们为教材"纠错"，对书中的每一首诗、每一句话都仔细检查、校对。在石河子大学，他不仅为中文系的学生授课，而且还为中文系教师开设了唐代科考选修课，获得年轻教师的一致好评。然而，没过多久，孟二冬就出现了严重的嗓子喑哑症状。虽然痛苦万分，即便是在医生开出"噤声"的医嘱后，他仍以惊人的毅力，坚持为师生授课，传播知识。

后经医院诊断，孟二冬罹患食管恶性肿瘤，随时都有窒息死亡的可能。但他依然放不下他的学生。2004年4月26日，憔悴的孟二冬被同学们搀扶着走上讲台，为学生们留下最后一课。在他剧烈的咳嗽中，唐代文学的最后一课结束了。他说："没给大家画上一个完满的句号，很抱歉"。课毕，孟二冬向学生鞠了一躬，又说："做学问要耐得住寂寞，大家要多看些书，都会比我强。"他转身在黑板上写下那句经常对学生说的话："板凳要坐十年冷，文章不著一字空。"台下，学生们早已泪流满面。

2006年4月22日，49岁的孟二冬永远离开了他热爱的教育事业和熟悉的学生们。孟二冬当年的学生们也已工作，多年来也持续接力着火炬，志愿去支教，将孟二冬的精神源源不断地传承下去。

51 邱光华：
为人民出击的雄鹰

"有需要的时候就上！"

2008年5月12日，四川省汶川县发生里氏8.0级大地震。灾情发生后，解放军某部一名副师职飞行员积极请战参加抗震救灾，深入一线，主动承担急难险重飞行任务，迅速打通了连接灾区的"空中生命线"。他就是邱光华。

邱光华，羌族，1957年出生，四川省茂县人。1974年4月，在周恩来总理亲自选拔下，17岁的邱光华光荣地成为我国第一代少数民族飞行员中的一员。他是全军4种气象指挥员、4种气象教练员、特级飞行员。他和战友一道创造直升机在海拔5000米以上地区悬停和载重飞行等数十项我军直升机飞行纪录。他驾机开辟直升机青藏航线，填补了世界航空史上的一项空白。还多次执行军事演习、卫星回收和抢险救灾等重大任务。

汶川地震发生时，邱光华已到知天命之年，再有几个月就到了停飞的年龄，而且他的老家茂县受灾严重，家人下落不明。但在这种情况下邱光华仍主动请战，要求到救灾一线去，他说：

"作为一名军人,作为被周总理招的第一批少数民族飞行员,要对祖国做一点贡献。看到老百姓的房子倒得那么严重,多救些人对我们也是一点安慰。所以不考虑自己的事,有需要我们的时候就上!"

这次灾区大部分分布在山里,当地的气象和地形条件都相当恶劣,稍有不慎,就可能导致机毁人亡。如此大的飞行难度,即便对于邱光华这样经验丰富、技术精湛的特级飞行员来说也是相当棘手。但是在人民群众遇到危难的时刻,邱光华就像在战场上冲锋陷阵那样,豁出命来也要飞行。在崇山峻岭间,邱光华和他的战友们一次次穿越生死航线,用生命为灾区人民架起了通往外界的生命通道,被灾区人民称为"希望的神鹰"。

在十多天的救灾飞行中,邱光华曾多次驾机从家乡上空飞过。一次执行空投任务,飞机悬停地点恰好就在他老家附近,邱光华从空中第一次清晰地看到了家里倒塌的两间房屋,可是他顾不上回去看看。邱光华将全部心思和精力都投入到了紧张的指挥和飞行中,把对家人的愧疚埋在了心里,把对灾区人民的大爱写在了蓝天上。

2008年5月31日上午,邱光华机组已经完成了两个架次的飞行任务。中午时分,又接到新的任务,到理县运送受伤群众。邱光华和机组人员顾不上休息,匆匆吃了两口饭,就驾机起飞。返回途中,飞机行至汶川县映秀镇附近,突遇低云大雾和强气流,不幸失事。机长邱光华、副驾驶李月、机械师王怀远和陈林、士官张鹏5人及搭乘人员遇难。

2008年，邱光华被中央军委追记一等功，2009年入选"100位新中国成立以来感动中国人物"。

作为我军第一代少数民族飞行员，邱光华始终以对党忠诚、对人民热爱的高尚情怀，不畏艰险，不怕牺牲，忠实履行使命任务。他就像一只雄鹰，飞翔在蓝天，飞翔在人民心中。

52 谭千秋：地震中学生的保护伞

"做人最重要的是要有社会责任感。"这是谭千秋生前常说的一句话。

1978年3月，谭千秋以优异的成绩考入湖南大学政治学专业学习。毕业后，学校本想让他留校任教，他却自愿申请去国家最需要的地方。1982年1月，谭千秋被分配到四川省绵竹东方汽轮机厂，先后在东方汽轮机厂的职工技术大学和东汽中学任教。

2008年5月12日14时28分，谭千秋正在教室上课，房子突然剧烈地抖动起来。地震！谭千秋意识到情况很糟糕，立刻喊道："大家快跑了，什么都不要拿！快……"同学们迅速冲出教室，往操场上跑。房子摇晃得越来越厉害，随着一声尖利、刺耳的声音，外面扬起阵阵灰尘。有四名同学没有冲出去，谭千秋立即把他们拉到课桌前，自己弓起背，双手放在课桌上，用自己的身体覆盖着四名同学，用自己的血肉铸成了一座钢铁罩。房子倒塌了，他遭到砖块和混凝土楼板的轰砸。

 为民篇

5月13日22时12分,谭千秋终于被找到,当救援人员将谭千秋从倒塌的校舍废墟中移走时,发现他双臂张开着趴在课桌上,后脑被楼板砸得深凹下去,已经血肉模糊,身下四名学生都还活着!

谭千秋用自己的生命诠释了老师对学生的爱与责任,他张开的双臂成了人们心中永不能忘却的雄鹰展翅。地震那天,他上的最后一课是"生命的价值"。在危急时刻,他用自己的行动给大家上了最好的一课。突如其来的灾难毁灭了一切,但是他在人们的心目中树立了一座永远不会倒塌的丰碑。

在地震中,谭千秋毫不犹豫,用生命阐述了对学生的教导。他用行动说明平凡与伟大、普通与崇高、常人与英雄,并非相隔万水千山,而往往只在咫尺之间。地震来时,谭千秋原本可以跑掉,但他选择了保护学生,将生的希望留给学生,将死的危险留给自己。在地动山摇的一刹那,闪烁的人性光彩足以让渺小变得伟大。在谭千秋身上,我们看到了人性的光辉,看到了一位共产党员的誓言"全心全意为人民服务"!他不仅是这样说的,也是这样做的,而且将这种优秀品质融入了自己的生命。地震来时,在他眼里,只有这些孩子们,这一刻,他就是孩子们的守护神!

地震过后,谭千秋被追授全国"抗震救灾优秀共产党员""抗震救灾英雄"等荣誉称号。

十几年过去了,当年满目疮痍的东汽中学在德阳市重生了。现在在教室里读书的莘莘学子,一定不会忘了当年有这样一位

老师、有这样一位优秀的共产党员，在灾难来临之际，勇敢地张开自己的双臂，保护着身下的孩子们。他们也一定会秉持这种精神，走上为人民服务的光荣道路。

53 陈立群：
给放牛班带来春天的使者

如果问陈立群："你来做校长需要什么条件？"他的答案绝对会出人意料："分文不取。"

2016年，杭州市学军中学原校长陈立群放弃了繁华大城市里高薪、体面的工作机会，独自走进贵州省的连绵群山，在黔东南州一所普通的中学当起了校长。

这几年，贵州省台江县有了新的变化：不少村寨锣鼓喧天，喜气洋洋，为考上大学的孩子们开庆祝会。街头巷尾，人们热议的话题又多了一个，那就是"谁家孩子考上大学了"。这份喜悦是陈立群带来的。

1957年出生的陈立群是浙江省杭州市人，从浙江师范大学数学系毕业后，陈立群就开始了他的教师生涯。说起前来支教的原因，陈立群表示，自己是靠努力学习从农村走出来的，心里就只有一个想法，要竭尽全力去帮助那些和当时自己所处环境差不多的孩子。不为名利，只为初心，陈立群的想法纯粹而真诚。

抱着这样的初心，陈立群离开杭州，来到台江民中。作为黔东南州唯一的公办高中，台江民中的教育质量一直堪忧，近1000名学生中，每年仅有100多人能上二本线，2008年和2011年甚至只有一名学生考上一本。看到苍蝇乱飞、长队如龙的学校食堂，吵闹的晚自习和学生懒散的学习状态，陈立群开始了大刀阔斧的改革。

他的着眼点与众不同，没有一上来就严抓学习和狠抓纪律。环境好了，学生的心思才能真正放到学习上，陈立群先从改善师生生活条件抓起，着手改善学校食堂环境。他用了不到两个月时间，将全校3个年级分为3个食堂用餐，为教师单独开设教工食堂。

硬件好了，接下来就是提升"软件"。陈立群启用了新的管理方法，对学生实行全封闭管理，除特殊情况外，所有学生全部住校并需要上交手机，只在周六发还并限制只能当天使用。自习时间不允许在教室讨论，班与班之间互相督查，老师早中晚三班监督。没过多久，3000多人、55间闹哄哄的教室，一下子变得有序起来。

抓完学生的学习，这位温文尔雅的校长又开始严抓教师的教学质量。不看不知道，一看吓一跳。一次课上，一位高三的语文老师在讲课讲了20多分钟之后才意识到自己讲错了。学生不在状态，教师怎么可以也不在状态？陈立群当机立断，直接让这位老师"下课"。没过多久，他又将另一名上课不准备教案、讲课内容全凭感觉的数学老师调离了岗位。教师们在被这

位校长的雷霆手段震惊之余,也认识到了教学质量的重要性,纷纷开始反思自身的教学方法和态度。

教师上课积极,学生学习认真,成绩的提升自然不在话下。2017年的夏天,高考放榜,当看到成绩的那一刻,大家都惊呆了,二本以上上线的学生人数300人,是以往的3倍。

陈立群用榜样的力量带动更多人关注教育扶贫,开展支教助学。用"花甲之年入深山"的行动证明了教育的神奇力量,而这种力量正是千百万有理想、敢担当的老师造就的。2019年9月9日,陈立群被授予了"时代楷模"称号。

54 张华：
以雷锋为榜样的好学生

"为人民群众解脱痛苦，这是我最大的幸福。"这是舍己救人、勇于献身的张华在日记本里写下的话。他是这么写的，也是这么做的。

1958年10月出生的张华，生活在一个革命家庭里。幼年时，他就常听父母亲讲革命先烈为国捐躯的故事，也时常听到邻里长辈们谈雷锋的光辉事迹，为人民服务的理想信念在幼小的张华心中早已经悄悄扎根了。

高中毕业后，张华选择在黑龙江饶河的"五七大学"农场当一名知青。在农场劳动时，张华经常主动帮扶军烈属、孤寡老人。此外，张华生活勤俭节约，多次用自己攒下的钱、粮票去资助帮扶生活有困难的农场工人。有一次，农场里的一头牛不知何故受到惊吓，眼看就要撞到一位女青年，张华本能地迅速冲向前去，毫不顾及个人安危拼命地拽住了受惊的牛。还有一次，厂房的房梁因年久失修，支撑梁柱的一根圆木眼看着就要滑落，而此时恰有5名青年正在房梁下劳动，张华没有多想，

 ★ 为民篇 ★

迎着下滑的圆木立即挺身过去，刚好用肩膀扛住了即将落下的圆木。由于乐于助人、舍己救人等优秀表现，张华被农场评为劳动模范、优秀共青团干部。在经过一年多的知青岁月后，刚满18周岁的张华从军入伍了。

"我入党就要真正从思想上入党，绝不做一个凑凑合合的党员。"在部队，张华进一步加强了自身思想政治教育，在人民军队的大熔炉里经受锻炼之后，张华成了一名光荣的共产党员。入伍后的张华更加深刻地认识到学习的重要性，于是他刻苦学习，打算参加高考、攻读大学。功夫不负有心人，1979年8月，张华终于以优异的成绩考入了他心仪的第四军医大学。入学后他除了更加勤奋刻苦地学习，还多次在思想和行动上帮扶后进的同学。他曾纠正过入党思想不端正的大学生，也曾通过写信劝告和假期登门拜访等方式帮助多名中学生坚定理想、应对挫折。此外，张华还多次主动照顾生病住院的同学并义务为同学补课。当看到同学的棉鞋被雨淋湿了，他就脱下自己的皮鞋给别人穿上。他虽然身在高校，但一有机会就为人民群众做好事，他曾在公共汽车上见义勇为抓住正在行窃的小偷……

有一年暑假，张华在家休假，家乡暴发洪水，他二话没说放下自己手头的事，立即就投入到抗洪抢险的工作中。为了保护人民群众的生命财产安全，他先是协助大家离开险情区，而后多次返回洪水里帮助大家打捞被冲走的家具、电器等贵重财物。这次探亲，他在家总共住了9天，也同洪水搏斗了9天。

张 华

1982年7月中旬的一天,正在赶路的张华突然听到喊救命的声音,他立即停下脚步,循声而去。当他看到一个白发老人在粪池里拼命挣扎时,毫不犹豫地跳入满是粪便的深坑中,奋力抢救不慎落难的老人,然而由于粪池中沼气密度太大,张华因严重中毒导致呼吸不畅而窒息,不幸逝世。张华牺牲的时候年仅24岁,他的英雄行为和舍身救人的事迹在全社会产生强烈反响,受到广泛传播。中央军委追授其"富于理想、勇于献身的优秀大学生"荣誉称号。张华乐于助人、舍己救人、勇于献身的优秀品质也在大学生群体中代代相传。

55 崔治岩：
受民爱戴的"为民部长"

在 2002 年齐齐哈尔市昂昂溪区人大代表换届选举中，发生了这样有趣的一幕，有位部队干部，因军职身份未列入到地方代表候选人中，可在投票选举时，全区所有代表一致推选他为市人大代表。为什么会这样呢？时任昂昂溪区区委书记关永久解释说："因为他在群众中有形象、有政绩、有口碑，老百姓服他。"他就是被齐齐哈尔群众誉为"为民部长"的崔治岩。

崔治岩，1976 年 2 月入伍，大学文化，先后在 4 个军级单位、4 个师级单位中 11 个岗位工作过。1996 年，调到齐齐哈尔市昂昂溪区人民武装部任部长。在人民武装部工作的几年间，他把群众利益放在第一位，急群众之所急，为民苦干、为民拼命、为民解困，赢得了当地老百姓的崇敬和爱戴。

崔治岩刚到昂昂溪区，就盯上了这里的一块"硬骨头"——治沙。昂昂溪区水师营镇，位于嫩江古河道中，是个著名的风沙地。早在 1992 年，这里就被列入国家防治沙漠化重点工程。之前为了治沙，区里也没少动脑筋、想办法，但都不见成效。

崔治岩上任不久，就主动把治沙这一艰巨任务揽了过来，他说："没有办不成的事，只有不成事的人。"为了能够更好地把沙控制、治住，崔治岩专门跑到东北林业大学、大小兴安岭林区等地学习经验。周折了大半年，崔治岩学到了不少知识，从中他总结出了一个植树治沙的"绝招"——冬季植树。于是他牵头成立了一支 50 人的植树种草基干民兵连。每年大地封冻，他都组织民兵利用松树冬眠时节刨树、移树，一干就是 8 年。如今水师营镇旧貌换了新颜，现已建成一座占地 3 万亩、拥有百余树种的国家级森林公园。

当群众的生命财产安全受到威胁时，崔治岩从不退缩，总是挺身而出。1998 年，齐齐哈尔发生了百年不遇的特大洪水。崔治岩以对党和人民高度负责的精神临危受命，担任区防汛指挥部副总指挥。6 月 29 日 20 时，农防大堤泵站入水口出现塌方，撕开了一道十几米的口子，崔治岩立即率领 50 多名民兵突击队员前去处理险情。他不顾连续两日的高烧与大家一同跳入江水中，一边组织打木桩，一边指挥人员向塌方处投掷沙包。他最后累得连话都说不出，坐着继续打手势指挥。

在崔治岩眼里群众利益无小事，他总是想方设法为民解困。2001 年他与昂昂溪区齿轮机厂下岗残疾职工许德军结成帮扶对子。为帮他走出贫困、重拾对生活的信心，崔治岩给他买新衣服、订新鞋子，并想办法为他找了一份工作。有一次，大雨把他的屋子给冲坏了，崔治岩找来人民武装部的同志一起顶着大雨给他修好了。在崔治岩的帮扶下，许德军很快脱了贫。

 ★ 为民篇 ★

2003年底，崔治岩高票当选为昂昂溪区的市帮扶先进个人。时任区委常委、宣传部部长陈桂花说："那是因为他为民解困所干的事最多。"在任人民武装部部长的8年间，崔治岩先后资助过12名特困学生，帮助6个家庭摆脱贫困，为30余名农村籍战士落实了10万多元的优待金。他还带头用自己的工资给贫困农户做担保，发展畜牧业。

崔治岩当兵28年，多次在急难险重任务面前挺身而出，为老百姓做了数不清的好事。在当地百姓的心中，崔治岩的名字就是"苦干""实干"的代名词。

56 王瑛：
巴山红叶映党性

"万事民为先"，是她做人做事的一贯准则；"只要我们心中有百姓，百姓心中就会有我们"，是她时常挂在嘴边的一句话。她用心为百姓办好每一件事，用真情融入其中，始终以群众的需求为努力的方向；她把自己有限的力量，投入到了为人民无限的服务中，直至生命的最后时刻。她就是被当地百姓称为"女包公"的四川省南江县县委原常委、纪委原书记王瑛。

王瑛，1961年出生，四川省阿坝藏族羌族自治州小金县人。1978年，也就是高考制度恢复的第二年，17岁的王瑛考入了西南民族学院，她的人生轨迹就此改变。王瑛后来常说："是党的好政策让我这个工人家庭的孩子有了上大学的机会，上大学给了我实现理想的机会。现在，我作为党的一名纪委书记，理应为党和人民好好工作。"

在担任四川省南江县纪委书记的几年里，王瑛始终把人民的冷暖疾苦放在心上，以把难题解决在农家院的行事原则，真心实意为民办实事、办好事，千方百计帮民排忧解难，将党的

 ★ 为民篇 ★

温暖送到百姓的心坎上。

2004年4月，王瑛到洋滩村检查当地扶贫工作的落实情况。行至村里的一条河附近时，恰好看到一位要下地干农活的老大娘，一手背着化肥袋子，一手拄着根棍子艰难地蹚水过河。王瑛眉头一皱，对随行的村干部说："这多危险啊！要是突然来大水了怎么办？咋不想办法修座人行桥呢？"

"规划了好几次，但实在没钱修桥啊，以后我们再想办法吧。"一名乡干部叹了口气。

王瑛当场表态："这里必须建一座铁索桥，所需资金和材料我来协调，基础工程明天就开工，雨季之前务必完工。"

在王瑛的多方协调下，只用了20多天，一座长120多米、宽1.5米的铁索桥就建成了。当地老百姓为表达心中感激，将桥命名为"连心桥"。

2006年7月，南江遭遇了一场罕见的特大旱灾。在大灾面前，王瑛想百姓之所想，急百姓之所急。为组织群众抗灾自救，她顶着高温、冒着酷暑连续十多天奋战在抗旱一线。在下乡视察途中，她几次身体不支，晕倒在地。后来随行的同事强行把她送到医院，检查结果出来以后，震惊了所有人——肺癌晚期。在结束3个疗程的治疗后，王瑛不顾医生劝阻，又坚持回到了工作岗位。

2007年底，一场大雨雪侵袭了南江。王瑛放心不下燕山乡群众，与乡政府约定3天后到秧坝村慰问。当天，乡工作人员见漫山遍野白雪皑皑，又是风雪天气，于是打电话询问慰问活动是否取消。王瑛却说:"定好的事就不要随意更改了,受灾群众还指望着我们呢。"就这样,在如此恶劣的天气下,王瑛不顾患病的身体,驱车将近3个小时,到达了海拔2000多米的燕山乡。之后又步行一家一家把慰问金和慰问品送到了群众手中。慰问结束后,她累得几乎站不住了。

2008年,汶川大地震发生。受地震波及,南江县受灾严重。此时正在重庆接受化疗的王瑛立即中断治疗,不顾日益严重的病情,坚持回到南江同群众并肩战斗。她深入抗震救灾的第一线,批示处理有关抗震救灾信访举报36件,解决群众具体问题14起。她还带头奉献爱心、捐款捐物,把党和政府的关怀及时送到灾民手中。

2008年11月27日,王瑛因病逝世,年仅47岁。

王瑛在纪检监察一线一干就是20年,她对违法罪犯铁面无私,但待百姓却柔情似水。她把她年仅47岁的生命交给了南江人民,交给了她钟爱的纪检事业。正如一首颂赞王瑛的挽歌所唱,她"铁骨未必不柔情,诚到至真可化冰;回肠荡气办铁案,有为有位有威行……"

57 邓前堆：随叫随到的"索道医生"

"只要身体可以，乡亲们还需要，我就一直当村医！"这是来自一位乡村医生的坚守。二十九年来，他以"救死扶伤"为己任，不顾个人生命危险，通过一条距怒江江面30米高、100多米长的溜索来往于两岸村寨，为群众送医送药，以实际行动践行着一位乡村医生的理想和信念。他就是被当地群众称为"索道医生"的邓前堆。

邓前堆

邓前堆，1964年出生，云南省福贡县石月亮乡人。据他自己介绍，他走上行医的道路，有着很大的机缘巧合。1983年，刚刚初中毕业的邓前堆突然得了痢疾，在村里的诊所躺了四天。当时给他诊治的乡村医生友向叶问他："生病痛不痛苦？想不想当医生？"因为从未学过医，也没有基础，对当医生这件事，邓前堆从没奢望过。但友向叶看他上过初中，又有心从医，就向村干部汇报了此事。此后，他便跟着友向叶学医。同年，他到乡卫生院参加技能培训，取得了从医资格，回到拉马底村后正式成了一名村医。

拉马底村，被怒江一分为二，有一半多的人生活在怒江西岸。当时怒江上还没有桥，一套滑轮外加一根绳子组成的索道便成了散居怒江两岸村民往来的通道。怒江大峡谷山高水急，横跨其上的索道距江面有30米高、100多米长，稍有不慎就是九死一生。邓前堆说："以前是用木头做的滑板，栓不紧的话会掉进怒江沟里面，特别是溜索旧的时候，铁索上有刺，'刹车'时用手来刹，刺着手心时会刺出血，皮肤都刺烂了。"为了给村民治病，邓前堆就在这条索道上来来往往走过了二十九年。

邓前堆自从医以来，不辞辛劳。他给村民治病，有求必应，不管是本村还是外村，不管是路近还是路远，一旦接到病人的求助，就立即背上药箱出发。2010年冬天的一个深夜，一位老伯的房屋起火了，他的头皮被火烧伤。邓前堆听到消息后，立即背上药箱，赶到现场给他清创、输液。考虑老人是孤寡户，行动不便，此后他便一直上门治疗，直至老人痊愈。以后，在

这一年里每月的10日,他都会过江定期为老人做复查。

二十九年来,邓前堆治病无数,遇到欠款也无数。实际上邓前堆收入并不高,2010年以前,每月工资只有200元。近3年才增加到2000元左右。即便如此,遇到因家庭困难拿不出医疗费的人,他总是自己出钱垫付。据他的账本显示,从执行新型农村合作医疗以来到2010年,乡亲们欠他的医药费累计为25000元。对于这部分欠款,他说:"乡亲们只要手里宽裕,是不会欠我的。所以我从不开口去向他们讨债。倘若他们不主动来还,也就算了。"

曾经有人问过邓医生,当村医这么多年来,有没有动摇过。他坚定地说:"我没有动摇过,我媳妇劝过我不要干了。我说病人找我,我不去怎么办?""只要身体可以,乡亲们还需要,我就一直当村医!"

邓前堆二十九年如一日,一心为民,救治群众,在平凡的岗位上做出了不平凡的业绩。他累计出诊5000多次,步行约10万千米,从未出现过一起医疗事故和医患纠纷。由于工作出色,他多次获得了上级部门的表彰。后来他的事迹被广泛报道,在社会上引起巨大反响。2019年9月,他被授予了"最美奋斗者"称号。

58 孟广彬：为人民服务的"雷锋鞋匠"

"如果你是一滴水，你是否滋润了一寸土地？如果你是一线阳光，你是否照亮了一分黑暗？"在哈尔滨师范大学里的一间小小的修鞋铺，有这样一位"雷锋"鞋匠，30年来，他做好事5000余件，帮助过的人超过万人，义务修鞋12万余双，他就是孟广彬。

1988年，孟广彬只身一人从山东老家来到哈尔滨打工，靠着修鞋的好手艺在哈尔滨师范大学附近开了一家修鞋铺。刚开始，孟广彬对修鞋这个工作也十分抵触，但是后来一次帮助贫困大学生的经历让他真正开始思考这份工作的意义，逐渐成为一名为人民服务的"雷锋鞋匠"。

那是哈尔滨一个初春的傍晚，孟广彬正在低头修鞋，一个穿着薄旧外套的男大学生来到他的修鞋铺，拿出一双了旧皮鞋交到了孟广彬的手里。当鞋修好后，这个男生说道："大哥，能便宜5毛钱吗，我没多少钱。"孟广彬听完这句话后，心酸得差点掉下眼泪来，说道："不要钱了，我是农村人，我知道从农

★ 为民篇 ★

村考上大学不容易,以后你的鞋坏了,尽管拿来修,我给你免费。"

男生十分感动,含着泪离开了,男生远去的背影让孟广彬久久不能平静,他回想起了自己幼时因没钱读书的遗憾。也是从这时开始,孟广彬希望自己能够在鞋摊上尽自己所能,帮助困难的大学生,做更多有意义的事。

第二天,孟广彬自费到印刷店制作了2000张优惠卡,发给需要帮助的困难群众,免费给困难群众修鞋、补鞋。随后,孟广彬就凭着这样一股热心肠无私奉献着,始终用心中那份朴实和坚守,践行着为人民服务的宗旨,诠释着雷锋助人为乐的精神,成为一名助人为乐的"雷锋鞋匠"。

1998年,孟广彬用雷锋的名字为自己的修鞋摊注册了"雷锋号"的服务商标。不久,孟广彬光荣地加入了中国共产党,成为黑龙江省首位农民工党员。这么多年的经历,让孟广彬明白,人活着,能够帮助别人是最大的快乐;能为社会做有意义的事,是最大的幸福。从2006年起,孟广彬每年都拿出200元资助孤儿。2008年汶川特大地震发生后,通过省红十字会,孟广彬为灾区人民一次性捐款1000元。

孟广彬为人民服务的行动,也得到了社会的广泛肯定和认可。30年来,他先后获得过"学雷锋志愿者先进个人"、"感动哈尔滨十大新闻人物"、黑龙江省劳动模范、全国"最美志愿者"、全国"五一劳动奖章"等几十项荣誉。此外,为了不断扩大志愿服务的社会影响力,发扬雷锋精神,更好地为群众服务，他还成立了"孟广彬共产党员服务总队"，用实际行动带动更多的人学习雷锋精神。

30余年来，孟文彬义务修鞋10多万双。他将继续保持一名农民工的本色，为群众修好鞋、服好务，传承好雷锋精神。"走雷锋的路、做雷锋的事，是党给了我幸福生活，我要加倍回报社会。"孟广彬是这么说的，也是这么做的。他用自己的实际行动践行了新时代的雷锋精神，他用自己的朴实纯粹书写出了无私奉献的精彩人生。

伟大出自平凡，平凡造就伟大。作为一名"雷锋鞋匠"，孟广彬就像一颗普通的螺丝钉，牢牢钉在平凡的岗位上，不断为人民服务，散发着正能量。

59 李剑英：用生命诠释忠诚

16秒，短短的16秒，能干什么呢？可是，仅仅是这16秒，李剑英却履行了一个军人的誓言，保护了人民，牺牲了自己。

李剑英，1964年出生于河南省郑州市金水区姚桥乡的一个善良淳朴的家庭。他从小热爱劳动，不怕吃苦。1982年，李剑英入伍，成了一名空军飞行员。在20多年的飞行生涯中，李剑英历经职位变动，从飞行员到中队长、领航主任，再改为普通飞行员。而与他同期的航校学员很多已经是师团级干部，但他看得却很淡。家人曾劝他转业，并帮他找了份收入不菲的民航工作，被他婉言谢绝。他说："国家培养咱花了那么多资金、精力和时间，不先保国哪来富家呀。"正是凭着这份对飞行事业的热爱，李剑英使自己成了一名"全天候"一级飞行员，安全飞行5003个架次，累计2389个多小时，多次完成重大飞行任务。

2006年11月14日上午11时17分，李剑英驾驶"歼7G"型号歼击机，执行空中巡逻游猎任务，一切正常。在返场下降着陆过程中，突然听到"砰！砰！"的响声，是鸽群撞上了飞机并被吸入发动机。紧接着，飞机开始不断地剧烈抖动起来，发动机突然熄火，空中停车。危急关头，李剑英凭借精湛的飞行技术沉着应对。当飞机控制在距离地面还有700米时，已经具备跳伞条件。但此时塔台传来的不是允许他跳伞的指令，而是："下方有群众，调整方向！"10秒后，距离地面只有100米左右，此时跳伞仍有求生机会。但塔台传来的还是那个坚定的声音："有群众，准备迫降。"可6秒后，他的飞机急速下降，像箭一样地向前冲出，撞在了一个大堤上，当场解体爆炸。就这样，李剑英在最后的时刻放弃了跳伞，放弃了能生存的机会。

"他为什么不选择跳伞？"听到李剑英的英雄事迹，人们都忍不住这样问。

原来李剑英之所以迟迟不跳伞是因为当时驾驶的那架飞机上载有800多公升航空油、120余发航空炮弹、1发火箭弹，还有易燃的液体氧气等物品。李剑英心里非常清楚，如果直接跳伞，飞机很可能坠毁在村庄田野，后果不堪设想。

从鸽群撞击点到飞机坠毁点范围内，分布有7个自然村，共有814户村民。飞机坠落后发生的爆炸持续了两个多小时，而爆炸地点距最近的一名群众不到20米。"如果不是他的强行迫降和高超驾驶技术，说不定我们很多亲人会受伤。"村民杨立林并不认识李剑英，但在他心里，李剑英比亲人还亲。

对于丈夫的英勇举动，李剑英的妻子李月平说："我知道，在那个关键时刻，他一定会这么做，他就是这样的人。我们是夫妻，也是战友，作为妻子，我知道他做了他想做的，作为军

 ★ 为民篇 ★

人，我知道他做了他该做的。"

李剑英牺牲后，空军党委为其追记一等功，并追授"空军功勋飞行人员"金质荣誉奖章。2008年2月17日，李剑英被评为"感动中国2007年度人物"。

李剑英曾经说过："人民的利益高于一切，战时捍卫祖国领空安全是为了人民，和平时期进行军事训练也要把人民生命安危放在第一位。"英雄们为什么生得伟大？为什么死得光荣？为什么在逆境中能迸发出惊人的力量？为什么在抉择中会获得选择放弃的勇气？只因他们心中有信念，心中有百姓。

60 和贵华：
地震中舍身勇救三名儿童

"遇到危险，别人可以退，我们人民警察不能退；即使需要我们去牺牲，我们也要勇于献身。"这是他曾经跟战友说过的话。没有想到，一语成谶。1996年2月3日，丽江发生大地震，生死瞬间，他舍身从倒塌的房屋中抢救出3名儿童，自己却壮烈牺牲。他就是云南省丽江纳西族自治县（现丽江市）公安局刑警队队长、一级警司和贵华。

和贵华，纳西族，1964年出生，云南省丽江市人，中共党员。1982年7月从云南省人民警察学校毕业参加公安工作。身为一名共产党员，和贵华在工作中从不顾个人利益和个人安危，始终把人民群众放在首位。14年的从警生涯，他从普通民警到副队长，从副队长又到队长，一直奋斗在基层第一线。他常年加班加点地忘我工作，置身患疾病的身体于不顾。别人劝他，他却说："我的病确实不重，罪犯在杀人抢劫，你没有看到受害人的惨状，没有听到受害者的哭诉，你很难理解。抓住罪犯是我的职责，如果耽误了破案，放走罪犯，我怎么对得起头上的国徽？怎么对得起受害的群众？"就是凭着这份责任和担当，他带领的刑警队破案率在80%以上，大案、要案破案率达90%，连年被评为先进集体。他个人也多次立功，被当地群众誉为"古城神探"。

和贵华常说："保护国家人民的生命财产，要争分夺秒。"遇到危难时，他总是第一时间挺身而出，将生死置之度外。1996年2月3日，和贵华到丽江县大研镇五台村调查一起重大案件。正当和贵华在一位村民家了解情况时，突然大地猛烈震动起来，房屋咔叽咔叽地撕裂、摇摆，围墙纷纷倒塌。"地震了，大家快出来！"和贵华大声疾呼，并迅速跨越到院心空地。村民也纷纷冲出屋子。正在瓦片如雨坠落、墙壁向外坍塌、整个房屋摇摇欲坠的刹那，和贵华猛一回头发现，在屋子里还站着三个吓呆了的小孩，正不知所措，吓得哇哇直哭。没有片刻犹豫，和贵华一个箭步就冲进了屋里，抱起两个孩子就往外跑。把两个孩子转移到安全地带后，他又急转身再次要冲进屋内救最后一个孩子。此时，房屋正加速倾斜。周围群众看到后，大声朝他喊："危险，别进去，屋子要倒了！"

面对死神的威胁，和贵华没有停步，他义无反顾地冲进屋里，一把将小孩搂到怀里，用身体挡住滚落的瓦片往外冲。可还没等走出屋门，伴随着一声巨响，两层楼高的房屋顷刻倒塌，将他们埋在了下面。惊呆了的乡亲们一下子醒了过来，喊着和贵华的名字纷纷涌了过来，冒着余震危险，搬走瓦砾，挪开柱子，把和贵华抬了出来。在他身下的孩子安然无恙，而和贵华却牺牲了，年仅32岁。

和贵华匆匆走了，但他用自己的行动和鲜血谱写了共产党人的赞歌。他的英雄事迹激励着人们从废墟上重新站起来。

61 李元敏：
盖买村乡亲们的"介米拉"

"介米拉"，维吾尔语意为"美丽""热心肠"的意思。在盖买村，提到书记"介米拉"，从老到少，没有不认识的，也没有不满口称赞的。不过令人意想不到的是，当地群众口中的这位"介米拉"是个不折不扣的汉族姑娘，来自山东牟平，名叫李元敏。那么，这样一个汉族姑娘是怎样赢得当地百姓的信任和爱戴呢？

李元敏，1964年出生，山东省烟台市人，幼年时随父母来到伊宁县盖买村。在盖买村的几十年里，她把乡亲们当作家人，像对待自己的父母和兄弟姐妹一样无私帮助村里的各族群众。李元敏和丈夫勤劳能干，经营着一个小商店，还养着几十头牛，生活富足、红火，是远近闻名的致富能手。然而，彼时盖买村因村"两委"班子软弱、经济发展缓慢，人心也是一盘散沙，一直是全县倒数第一的贫困村，以致县里长期流传着"盖买盖买，谁都不来"的俚语。

2010年之前，因为经济问题和复杂的工作环境，盖买村5

年内接连换了5任党支部书记,其中很多都是直接撂挑子走人,工作难度之大可见一斑。2010年七八月间,上级看中了李元敏的致富能力,多次上门提出希望她出任村党支部副书记。盖买村的情况,李元敏心知肚明。但为了盖买村的百姓,她还是决定想试一试,她说:"盖买村是我家,家里贫穷落后,我一个人过得再好有什么用。"2010年李元敏接任村党支部副书记,2011年接任村党支部书记,之后又高票当选村委会主任。

李元敏常说:"村干部只要是实实在在为老百姓做事,老百姓肯定会支持你。"在工作中,李元敏把村子当成自己家来守护,一项项完善村子的基础建设。村子的土地收成少,她便积极号召村民修建供水渠和防渗渠,解决灌溉问题。以前村子连一条像样的路都没有,2013年以后崭新的柏油路替代了原来尘土飞扬、坑洼不平的泥巴小径。为了让年轻人住有所居,通过一事一议的方式,给172户年轻人划分了宅基地。村里还新盖了好几所幼儿园,让孩子们免费入园,解除了外出务工村民的后顾之忧。几年时间里,村子的面貌焕然一新。

遇到有困难的群众,李元敏像对待家人一样去帮助他们。有年春天,一位穿着破烂的老大娘到她的商店买东西。李元敏看到格外心疼,二话不说拿出很多生活用品送给了老大娘,这一送就是好几年。村里有位单亲母亲,长期没有收入。在与丈夫商量后,李元敏决定把自己经营的商店连同店里2万多元的货物全部免费送给她经营。邻居家的小阿曼古丽生病,她连续奔波两三天,为她募集8500多元治病钱。村民陈善英患小脑萎

缩不能自理，丈夫又车祸去世，李元敏不仅送她去养老院，还把她女儿接到自己家里照顾。这些年来，到底帮助过多少村民，她自己也记不清了。

在李元敏的带领下，以前那个"软、慢、散"的穷村子，在几年时间里很快成了县里远近有名的富裕村和"治村强村"示范村。而当初那个广为流传的俚语现在也变成了"盖买盖买，人人想来"。

从上任至今，李元敏用自己的无私奉献和责任担当，给这个曾经落后的村子带来了希望和新生。她一直被村里人叫着维吾尔族名字——介米拉。

62 杜丽群：
视患如亲的"全国最美医生"

"像对待家人一样对待病人。"这是杜丽群医生的真实写照。她1965年5月出生于广西南宁，现任广西壮族自治区南宁市第四人民医院艾滋病科护士长、副主任护师。她把艾滋病患者当作家人一样去照料，是患者的知心姐姐。她致力于提高公众对艾滋病的预防和防治意识，通过为艾滋病患者举办讲座、提供免费医疗咨询和开展户外社会活动，宣讲预防艾滋病知识，受益人数超过10余万。

2002年，南宁市第四人民医院作为治疗传染病的专科医院，决定设立艾滋病科。当时，由于大家对艾滋病缺乏一个正确认识和了解，更因为恐惧，无人愿意到艾滋病科工作。杜丽群率先报名参加艾滋病相关分析理论基础知识的培训，筹备建科日常用品等前期准备工作，

杜丽群

并到艾滋病专科医院进修提高课堂学习,学成归来后主动参与到病区的区域划分、物品分配、人员自身专业人才培训、制订有效教学目标计划、编制常规治疗护理保险法律制度等筹备工作中,为医院成功开设艾滋病科做出了积极贡献。

2005年6月,广西南宁市第四人民医院率先挂牌成立艾滋病科。十几年来,杜丽群参与指导护理艾滋病患者逾1万多人次、艾滋病抗病毒药物治疗患者近5000人。

在杜丽群眼里,病人是一个"不小心犯了错"的朋友。"如果连医生护士都不敢主动照顾病人,那这个病人就真的被抛弃了。我不想看到艾滋病患者成为世界的弃儿。"

艾滋病患者心理压力很大,有时候会做出很多过激行为。作为一个病区的护士长,每次面对各种突发状况,杜丽群总是第一个站出来。她告诉年轻的护士:"如果你关心帮助他们,尊重他们,他们就不会伤害你。"

杜丽群总是想方设法为病人减免开支,有些病人非常感动,硬是要塞给她购物卡,婉拒不成后,杜丽群将购物卡兑换成现金交到住院处作为该病人的住院费。还有一次,一个病人去医院检查,没有足够的钱购买返程票,她马上给病人付了车费。

从事护理工作三十多年来,杜丽群爱岗敬业,默默奉献,将病人的满意视为最大的快乐,始终把患者的利益放在首位,急患者之所急,帮患者之所需。就任艾滋病科护士长后,她开展了"温暖病房"和"红丝带中心"运动,想方设法为病房增加电视、DVD、象棋、书刊,并把病房打造得更清洁、安静、优雅、舒适，让住院病人有在家的感觉，增强生活的信心。

杜丽群先后荣获全国优秀共产党员、全国三八红旗手、全国三八红旗手标兵、全国民族团结进步模范个人、全国先进工作者、最美医生等荣誉称号，获全国五一劳动奖章、第45届南丁格尔奖。

63 李培斌：
扎根基层的"全国人民调解能手"

"我是一名共产党员，为民爱民是我的职责。"

被当地人民亲切称呼为"李司法"的李培斌，1965年9月出生于山西省阳高县。他19岁就参加了工作，曾当选中共十八大代表，曾担任阳高县信访服务中心主任和阳高县龙泉镇司法所所长。

李培斌的父亲是村委会原主任，爷爷是抗美援朝老兵，从小受到家庭和组织培训，与党形成了深厚的感情。在他看来，他只是一名普通的基层司法工作者，但在阳高和山西周边地区的老百姓心中，他的形象却像一座山一样高。

他从事相关司法行政调解管理工作28年，调解过当地数以千计的民事纠纷，制止了上百次群体性械斗，成功劝说50多对处于离婚边缘的夫妻和好如初，使30多名遭遗弃的老人得以安度晚年，让16名失足青年改邪归正，让58名刑满释放人员和22名社区教育矫正人员痛改前非……一件件民生生活小事，换来的是千家万户的安宁和基层建设社会的和谐。

2013年,他担任阳高县信访服务中心主任后,工作压力更大,负担更重。在30多年的工作中,他始终自觉地维护党和党的形象。每当人民群众有困难找到他时,他总是说,你们可以放心,党和政府不会不管你们;每当社会群众对他排忧解难表示非常感激时,他总是说,我是党和政府派来的,要感谢就感谢党、感谢政府。李培斌的党性和工作作风深深打动了当地人民。

李培斌在矛盾问题交织中砥砺奋进,敢于创新为民服务。在30多年时间里,他为村民解决了许多难题,还结合工作实践,探索总结了调解工作"十法":以情感染法、以柔克刚法、先守后攻法、正义震慑法、亲情促动法、群众抨击法、稳定大局法、感化性教育法、诚信担保法、类同案推代教育法,成为当地人民调解的指向标。他所创造的人民调解工作"十法"还在山西省司法系统推广。李培斌用自己的行动和努力,赢得了广大群众的信任。

只要人民群众有需求,他没有上班下班之分;只要群众有危难,他丝毫不顾及个人利益的得失。阳高当地的百姓都说,李培斌为老百姓做的好事,犹如天上的星星,看得见,却数不清。

李培斌是群众公认的好人、能人,但他自家的生活却一直清贫简单。在他的一生中,他赢得了许多荣誉,这些荣誉证书和奖状的厚度超过了他的身高,但他从来没有把它们看作是个人利益的资本。李培斌收入微薄,但他看到生活特殊困难的人,还要从自己微薄的工资中拿出一些给予帮助,每年为此要支出

 ★ 为民篇 ★

数千甚至上万元。在当选党的十八大代表后，不断有人劝他："你现在出了名，应该去找领导解决一下妻子工作的问题，你就算不为自己考虑，也该为家庭着想一点。"面对这样的言论，他坚决地拒绝道："党代表不能代表私利，儿孙自有儿孙福。"他是这么说的，也是这么做的。

2015年10月15日，因日夜劳累，积劳成疾，李培斌在参加全市司法所长培训期间，突发心脏病，不幸殉职。

64 刘学讲：带着法庭到田间地头

"我是农民的儿子，生在农村，长在农村，我知道农民打个官司有多么不容易。"他二十年如一日地扎根基层，坚守自己的工作岗位；他真心为基层群众办事，想群众之所想，急群众之所急；他一心为民，忠于法律，心系群众；他被群众亲切地称为"乡村法官""亲民法官""泥腿子法官"。他就是全国模范法官刘学讲。

刘学讲出生于安徽省明光市的农村，从小便刻苦学习，高考后就读于安徽大学法学专业，毕业后主动选择到条件艰苦的明光市人民法院潘村法庭工作，将自己的青春奉献给基层。他在自己的工作岗位上二十年如一日，深深扎根基层。在潘村法庭工作期间，他真正做到察民情，解民忧，创新工作方式，带领潘村法庭实现了"五无"和"四高三低"的工作目标。为此，潘村法庭曾先后荣获"全省优秀人民法庭""全省人民调解工作先进集体""全国人民法庭工作先进集体""滁州市优秀法庭标兵单位"等荣誉称号。他自己也得到了群众的认可，成为老

百姓都称赞的"亲民法官"。

作为一名基层法官,刘学讲始终认认真真地审理好每一个案件,有些案件虽小,但关系到农村群众的稳定。让刘学讲印象最深刻的是,十几年前夏天的一个中午,一位八十余岁的老人步履蹒跚,拄着拐杖来到法庭,向法官诉说自己的女儿不仅不尽赡养义务,还对自己手打脚踢,自己被赶出家门,以致流落街头,没有住处,请求法官进行处理。听完老人的诉说,刘学讲立刻予以口头立案,然后亲自把老人扶上警车,陪老人回家,通过讲道理、摆事实、说法律,使老人的女儿认识到错误。

刘学讲经常挂在嘴边的一句话是:"一名法官一生中可能要审理几千起案件,但对于老百姓来说,一生中可能只打这么一次官司。老百姓的事进了法庭就不是小事,都要当大事来办。"刘学讲将老百姓的利益放在心上,真正把人民群众的事当成自己的事来解决。他作为一名共产党员,始终牢记党的宗旨,满足人民群众的需求,为人民服务,切实保护好人民群众的利益,把日常的每一个案件处理好。"当法官就要多办案、快办案、办好案、无冤案、无错案,否则就愧对法官的光荣称号。"在基层工作这么多年,刘学讲始终把人民群众放在心上,永远做人民群众的"亲民法官"。

为了更好地服务群众,让人民群众"少花一分钱,少跑一趟路",刘学讲带领同事开设了"午间法庭""田间法庭""假日法庭""黄昏流动法庭"等。他带领法庭干警放弃休息时间,深入乡镇村组、田间地头、渔村,在纠纷发生地现场调解、就地审判、化解纠纷。多年来,刘学讲几乎没有午休过。

刘学讲真心实意为人民办事,切身实地为人民着想,最终获得老百姓的信赖与认可,先后获"全省人民满意好法官""全省先进工作者""全省优秀法官""全国法院党建工作先进个人""全国优秀法官"等荣誉称号。

65 宋鱼水：为民司法的模范法官

"案子没有画上句号之前，我永远是一个学生。"这是基层法官宋鱼水的座右铭。她是一位从事经济审判工作的女法官，既有着女性的柔情，还兼具了法官的严谨。她司法为民、为民司法。从中国人民大学毕业后，她就一直在基层从事一线审判工作，至今已有30多个年头。

宋鱼水

社会主义市场经济体制确立以后，中国社会经济迎来快速发展的时期，大量的农民进入城市打工，如何更好地保护他们的权益成为全社会普遍关注的热点。1989年，宋鱼水从中国人民大学毕业分配到北京市海淀区人民法院经济庭。当时，一个20多岁衣服破旧的农民工坐在海淀区人民法院经济庭的办公室里。他想要起诉一家餐馆，当时他给这家餐馆连续送了一年的蔬菜，可是餐馆一直欠账不给，去要账时被餐馆的人给赶了出来。宋鱼水一边询问这位农民工的情况，一边做笔录。她做完笔录后，顶着寒风就去找餐馆的老板了解情况。原来这家餐馆是现老板刚刚盘过来接手的，对餐馆之前的外债，餐馆现老板表示自己也很冤，唠唠叨叨地说了很多。宋鱼水说："你冤，原告更冤。账虽然不全是你欠的，可是你承租了这个店，按照法律规定，原告的钱你就必须还，以前的债务你可以向过去承租人追偿。"后来，案件结案，农民工顺利拿到了工钱。面对宋鱼水，他流下了激动的泪水，泪水深深触动了宋鱼水的心。

在基层法院时，宋鱼水经常会遇到涉案金额很小但是涉及当事人生活的紧急案件。每当遇到这类案件时，她都是平等、公正地对待每一位当事人，而且快速办理，尽量使纠纷彻底了结。对于弱势群体，她总是怀抱着更多的耐心和理解。宋鱼水说，只要办事公正，什么问题都好解决。对于蛮横不讲理的，她总是坚持原则，毫不退让。

进入新时代，宋鱼水和同事们紧跟社会发展的新要求，加大知识产权司法保护的力度，进一步提升中国知识产权司法公

信力和国际影响力。作为法官,每天要面对和解决众多而又复杂的法律案件,涉及各种专业知识,仅仅懂法是不够的。因此,宋鱼水总是感到肩头背负着很大的压力,一有空闲时间,她便努力地涉猎新的知识,以便在工作中面对各种不同的情形时能够游刃有余。

宋鱼水是一位出色的新型法官。她实事求是,以法为本;她积极进取,刻苦钻研;她立足实践,勤勤恳恳。她不愧是时代的楷模。

在接受一次媒体采访时,宋鱼水说:"法是善良和公正的艺术,是以善的方式去解决问题,对违法行为的惩处,也是希望把违法的人变成守法的人、善良的人,这需要我们付出更大的努力。"这是多么朴实的表达,也是这位"人民好法官"30多年职业生涯最好的写照。

66 | 李桂林、陆建芬夫妇：
扎根"天梯之上"的山村教师

"如果没有接班人，只要我能爬得动，就要上山教孩子们！"这是四川山区一对小学教师真实质朴却又振聋发聩的心声。

李桂林和陆建芬是一对彝族夫妇，夫妇二人在四川省凉山彝族自治州甘洛县乌史大桥乡二坪村小学坚守了30多年，把一批又一批的彝族孩子送出大山，让他们去到更广阔的世界。人生能有几个30年，这对夫妻却把毕生的精力与爱献给了大山里的教育事业，他们用爱构筑起了云端上的学校。

李桂林、陆建芬夫妇

· 197 ·

新中国成立以后,二坪村小学曾陆陆续续派来过三位教师,但都因担忧在悬崖天梯上存在生命危险,忍受不了艰苦的生活环境,忍耐不住大山的寂寥,一共教了不到十年书,便陆陆续续离开了二坪村小学,学校因为没有老师支教而停止了近十年的教学工作。

1990年暑假里,当李桂林第一次听说二坪村彝族孩子还是文盲,学校连老师都没有时,便毅然决然辞去家乡民办教师工作,到二坪小学支教当代课教师。当年的李桂林只有24岁,每月工资也仅仅60元。

听闻有老师来了,全村男女老少都跑来看李桂林——这位来之不易的教师。一幅凄凉原始的景象映入李桂林的眼帘:老大爷光着脚,穿着破旧的羊毛毡;老大娘衣衫褴褛,捉襟见肘;孩子们蓬头垢面,衣不蔽体;村民住的是茅草房、篱笆房,有的还住在山洞里;校舍已然成了一片废墟。一种无名的辛酸涌上李桂林的心头,使得他更加坚定要留在这里,扎根在二坪搞教育。

李桂林带着乡亲们一起修筑土墙,制作桌凳和门窗,一所简陋的学校终于修成了,孩子们琅琅的读书声终于在荒废了近十年的学校里响起。但是,李桂林没有一间宿舍,甚至连一张床也没有,只好借宿在老乡家一间阴暗、潮湿的茅草屋里。夜晚也只能在煤油灯下备课、批改作业,煤油将他的鼻腔熏得黢黑。

一年过去了,学校师资力量匮乏,急需另一位老师。李桂林到处找老师,但因为环境实在太艰苦,没人愿意来。他不顾家人的反对，劝说妻子陆建芬与他一同上山当代课老师。

当时，李桂林考入四川会理师范学校后，摘掉了"代课老师"的帽子，有了职业的资格。家人劝说李桂林下山到条件好的学校教书，让他的妻子下山另谋职业。但是，夫妇二人不忍心让孩子们再度成为文盲，失去获得知识的机会，就留在了二坪小学。2009年重新修建学校，李桂林、陆建芬夫妇在假期里一直坚守在学校。为了教学，夫妇二人甚至没有时间下山探望摔断腿的母亲，也无法吊唁遇难的妹夫，就连自己的两个儿子的家长会也未曾参加过，以至于兄弟俩被同学们误认为是孤儿。为了大山的孩子们，夫妇二人奉献了一生，抛下了小家，只为让大凉山的孩子们能够走出困境，走向更广阔的世界，不再世世代代蜷缩在山区里。

2009年，在"100位新中国成立以来感动中国人物"典礼上，李桂林接受记者采访时动情地说："我们只是平凡的山村教师，这个感动中国奖属于天梯上悬崖小学的孩子们，属于大凉山的贫困山区！贫困山区要改变落后的面貌，改变下一代人不像他们父辈一样没有文化、甚至不认识钱的历史现状，必须靠教育。"

67 闻建生、温郡权：群众的"人肉盾牌"

20多年前，在麻栗坡县城内，一个穷凶极恶的罪犯即将引爆身上的手榴弹，周围群众的生命危在旦夕。紧急时刻，3名英勇的民警义无反顾地猛扑上去，用生命保护了群众安全……

1995年5月，全国公安机关掀起了声势浩大的春季严打整治攻势。自工作部署以来，闻建生、温郡权两位民警就夜以继日、不眠不休地战斗在打击违法犯罪第一线。5月16日20时，天色已晚，二人仍不知疲倦地驾驶着摩托车在城区巡逻。当他们行至某执勤点时，与同样在执行任务的民警杨秀霖相遇。这时，一位老大娘神色慌张地跑到他们面前报案："不好啦，有人拿着手榴弹在小河洞桥头顺昌糕点厂闹事，你们快去吧，要出人命了。"

警情就是命令。闻建生、温郡权听闻，不约而同地跳下摩托车，与杨秀霖一同赶往不远处的出事地点进行处置。到达现场后，他们发现所谓的糕点厂其实就是一个简易搭建的厂房，面积不大，门外挤满了不明真相的群众。三人冲进房内，只见一个满脸杀气的男子正在和一个女人争吵。他的腰间插着两枚手榴弹,盖子早已拧开,拉火环裸露在外。角落里还有几名妇女和儿童,吓得瑟瑟发抖。为了不误伤在场的群众,三人决定不使用武器制止男子犯罪,先观察男子的举动,等待时机。

"快住手,我们是公安局的!"温郡权上前厉声喝道,试图震慑住男子。然而,男子早已怒气攻心,失去理智,对劝阻完全置若罔闻。突然间,他猛地拉开了拉火环……

"散开!"温郡权三人边向旁边的群众大喊,边飞身扑向歹徒,把男子推到远离群众的角落里,并用他们的血肉之躯挡住即将飞射的弹片。随着"轰"的一声巨响,手榴弹爆炸了,3名民警为保护群众倒在了血泊中,现场有5名群众受轻伤,歹徒当场被炸身亡。

杨秀霖经过紧急抢救,脱离危险。温郡权被弹片击中,受伤500余处,当场壮烈牺牲。闻建生左臀部和大腿被撕裂,股动脉被炸断,胸部、腹部被百余粒弹片击中,最终因伤势过重抢救无效,当日23时30分,心脏停止跳动。

1995年5月18日,麻栗坡县公安局举行了庄严肃穆的遗体告别仪式,3000多名群众自发前来送英雄最后一程。1995年7月11日,公安部追授闻建生、温郡权同志"全国公安战线一级英雄模范"称号。

闻建生、温郡权是伟大的,他们用鲜血和生命谱写了一曲人民警察无私奉献、舍生忘死保护人民的壮丽凯歌。他们是可敬的,当人民群众生命财产安全遇到危险时,他们毫不犹豫地

 ★ 为民篇 ★

挺身而出。他们在自己平凡的生命里书写出了不平凡的人生，他们用自己的身躯为国家安全、社会公共安全、人民生命财产安全筑起了一道坚不可摧的铜墙铁壁。

68 丛飞：183个孩子的"爸爸"

"在爱的花丛中飞出去，于是爱就洒满了人间。"

歌手丛飞，1969年出生在辽宁省盘锦市，原名张崇。因家境贫困，初中二年级便被迫辍学，但他心中那颗热爱音乐的种子早已"生根发芽"。丛飞历经艰辛，最终被沈阳音乐学院声乐系录取，之后成为著名歌唱家郭颂的学生。

毕业后，张崇前往深圳追梦。然而，现实却给他"上了一课"，因为人生地不熟，一开始只能做搬运、洗碗这样的苦力工作，还曾因为过度劳累晕倒在草地上。醒来后，张崇将名字改为"丛飞"，立志要实现"从草丛中起飞"的梦想。后来，丛飞凭借出色的音乐才华，在深圳音乐圈慢慢地小有名气。

后来，一场义演活动，让丛飞找到了人生的价值，也从此走上了"爱心之路"。1994年，丛飞去四川成都参加了一场专门为失学儿童重返校园举办的慈善义演活动，他看到观众席上几百名因贫困而辍学的孩子，想到了曾经的自己。他十分担忧这些孩子能否继续读书、能否拥有一个光明的未来。想到这，

丛飞把自己身上带的 2400 元现金全部捐出。也正是从这时起,丛飞开始了十几年如一日的慈善之路,一直到他生命的终点。

"起初我以为他只是一时意起,但事实并不是我想的那样,他的慈善热情不减反增。"丛飞的好朋友刘家增说道。2003 年,丛飞和好友刘家增等人去贵州,这次贵州之行,让大家看到了一个"为慈善事业疯狂的丛飞"。刘家增回忆说,丛飞不仅把自己的钱全部捐出,有时甚至向朋友们借钱去给孩子们交学费。这些孩子们终于可以如愿上学,但丛飞却已身背 17 万元的债务。为了还债,丛飞更加拼命地四处演出。十年时间,丛飞进行了 400 多场义演,3600 多小时的义工服务时间,而丛飞资助和收养的孩子也已经达到 183 人。

但因长期超负荷地工作,"铁人"丛飞从 2004 年春天开始,经常感到胃部剧烈疼痛,身边的家人和朋友们劝他休息一段时间,并去住院治疗,但丛飞为了省钱给孩子们,他只在门诊拿些口服药来缓解疼痛。2005 年 5 月,丛飞被诊断为胃癌晚期。"当时住院需要 1 万多元的住院费,然而这些钱丛飞家中拿不出来,最终还是我们几个朋友一起凑的。"刘家增说。

其实,在慈善捐款上"大手大脚"的丛飞,现实生活中并不富裕。因为丛飞常常收到演出费后,就把大部分钱捐给贫困地区的孩子。他家里的保险柜里面根本没有什么贵重物品,而是装满了他资助的孩子们的照片和写给他的信。一间仅有 58 平方米的小房子就是丛飞和妻女的家,家中唯一值钱的物品就是一架老旧钢琴。

有人听闻丛飞的事迹，主动捐出1万元时说："丛飞用爱心感动了深圳，深圳人也要用爱心来温暖丛飞。"

2006年4月20日，年仅37岁的丛飞不幸病逝。丛飞的生命虽然短暂，但他给183个孩子带去了"从草丛中起飞"的希望。

69 艾热提·马木提：
血肉之躯铸就金色盾牌

"外围同样重要，你们先留在外围。"

"你们保护好现场，保护好自己，我经验比较丰富，我先进去。"

"你还有家人要照顾，你家里孩子还小，万一有什么事情，我不好跟你的父母交代。"

每次出任务，他总有各种为队友、为同事考虑的理由，他为别人找理由，却忘了自身安危，忘了自己的三个女儿需要父亲。

艾热提·马木提，1969年出生，新疆维吾尔族自治区皮山县人，曾任皮山县公安局副局长。2016年夏日的一个午后，他像往常一样，在接到任务后迅速组织人员，前往案发现场。和田地区皮山县的乡村小道上，数十辆警车正悄无声息地驶向此次在逃人员的藏匿地。

警车在狭窄的乡村小路上行驶着，路边茂密的白杨树枝不停地打在车身上，发出噼里啪啦的响声。下午4时许，在民警们的全力搜索下，包围圈的范围被缩小，藏匿在此的公安部A

级通缉令通缉的在逃人员、制爆团伙头目阿某几乎已经是插翅难逃了。

酷暑之下,民警们头戴厚重的防弹头盔,里面全部已被汗水浸湿,为了不放过任何一个细节,民警们只得聚精会神,费力地睁大双眼,观察着四周的情况。一步,两步,三步……快要靠近灌木丛了,就在民警们距离灌木丛不到十米的地方,一个人影突然从草中蹿了出来。

艾热提·马木提当即大喝"隐蔽!",同时拔枪射击。枪声、爆炸声瞬间交织在一起,震耳欲聋,爆炸产生的巨大的冲击波扬起了尘埃。混乱之中,艾热提·马木提应声倒地,不幸壮烈牺牲,年仅46岁。

从派出所到公安局,每当案件发生时,他总是首先进入现场,走近最危险的地方。2013年,艾热提·马木提与战友一起执行了一起抓捕任务。当时他们进入到暴恐分子有可能藏匿的房间,在搜遍了整间屋子却一无所获的情况下,艾热提·马木提敏锐地注意到,角落里一个不起眼的柜子非常可疑。他立刻警觉了起来,不能对话,他就用手势和眼神提醒战友们,角落里的那个柜子很可能有问题。在场的一位民警是个急性子,他没有多想,几步上前就要拉开柜门。

"不要动!"艾热提·马木提急忙提醒。然而,已经来不及了,柜门一下子被拉开,藏匿在其中的暴恐分子眼见自己的藏身之处被暴露,情急之下挥刀砍向这位开柜门的民警。一旁的艾热提·马木提迅速果断开枪,将暴恐分子击毙,千钧一发之

 ★ 为民篇 ★

际救下了自己的战友。

从警27年,他对敌人打得狠,对群众爱得真,为保卫祖国的长治久安,奉献了自己的全部。艾热提·马木提13次被评为优秀公务员、先进个人、优秀党员,荣立个人二等功1次、个人三等功5次,并荣获"新疆人民满意派出所所长"荣誉称号。

金色盾牌,热血铸就,危难之处显身手,在自己热爱的岗位上奉献了自己全部热忱的艾热提·马木提,被追授"全国公安系统一级英雄模范"荣誉称号,并被批准为烈士。

70 | 柴生芳：
回家下乡的"博士县长"

高考状元，求学北大，东渡日本，博士归来。如果说知识改变命运，那么毋庸置疑，柴生芳在人生"读书阶段"的博弈中就已成了一个佼佼者。可后来，他却选择回到家乡工作，理由简单而纯粹："因为我在甘肃长大，深知甘肃比其他地方更需要人才，我要为甘肃人民做事，回报家乡。"

柴生芳是甘肃省宁县人，1969年出生，1986年考入北京大学考古系，2002年从日本国立神户大学博士毕业，2004年6月加入中国共产党。柴生芳谢绝了高校的高薪聘请，拒绝了北上广深的优越工作，怀着报效祖国的满腔热血，选择回到故土，回到祖国的西部，来到了甘肃省委办公厅工作。

2006年，他主动请缨，来到定西。这里自然条件恶劣，基础设施落后。困难没有让柴生芳退缩，反而让他在这里一干就是8年。无论在哪里，无论职务怎样变换，柴生芳唯一不变的是为民富民的理想和追求。

在定西市临洮县任职3年，全县323个行政村，柴生芳去过281个。每一个去过的村庄,都会被他记在日记本里。他会记下村庄的名字,绘制出简易的路线,对于去过的村子,村子的情况,他都能如数家珍。他深入田间地头,深入老百姓家中,广交农民朋友,嘘寒问暖。在老百姓家中促膝长谈,认真听取老百姓的意见和建议,全县最偏僻的村子也留下了他的足迹。

苟家山村海拔高,山路崎岖,一年之中有半年的时间都被冰雪覆盖,几乎与外界隔绝,村里交通不便,没有卫生室,仅有的学校也快成为危房,村民们苦于贫困已久。柴生芳亲眼见到了村民们的难处,知道村民们的苦楚,把需要解决的问题一一记在心里,逐个落实。去世前,他去苟家山村有11次。

17岁离家,转眼就是近30年,自古家国两难全,柴生芳毅然决然地选择了后者。母亲去世时,因为工作繁忙,他没法守在跟前。老家的屋子雨天漏雨,寒天透风,年迈的父亲和兄嫂却一直住着,直到他在兰州成家后,才把家人接进城。

2014年8月14日,依旧是忙碌的一天。早上8点5分,柴生芳开始工作,接待来访群众,调研引洮工程,后又主持召开捐资助学表彰大会,然后前往北大街检查县城道路改造工程。晚上7点30分,主持召开县政府常务会议,会议一直到15日凌晨1点30分结束,持续6个小时,共研究了22大项53小项政府工作。

凌晨,在连续工作超过17个半小时后,45岁的柴生芳终于能够返回办公室休息一下。第二天早上,原定于7点半下乡,工作人员却迟迟没有等到柴生芳的身影,直到7点50分,工作人员前往其办公室查看,才发现柴生芳已经没有了呼吸,他就这样倒在了工作岗位上,再也没有醒来……

翻到柴生芳工作日记的最后一页:"下午4时30分,在县文化中心主持召开全县捐资助学表彰暨优秀贫困学生资助大会,会议有六项议程。潘晓文,全县理科状元,考入北京大学……"

最后一刻,他的心里装的仍是群众的点点滴滴。

71 方红霄：
缉毒反恐的人民"忠诚卫士"

"怕什么，有我在！"一个平头短发、肤色黝黑、双目炯炯有神的武警战士掷地有声地说道。他就是"中国五四青年奖章"获得者、首届"中国武警十大忠诚卫士"方红霄。

2011年5月3日晚，云南省曲靖市麒麟区第八中学一位名叫王锦方的13岁初中生突然遭到歹徒的劫持。孩子家属于次日接到绑匪索要赎金的电话，随后报警。接警后，武警云南总队曲靖支队支队长方红霄经过缜密分析案情，迅速启动救援应急行动，在掌握了犯罪嫌疑人所处位置后，亲赴一线展开救援。

5月4日19时30分，方红霄带领反恐特战队员抵达犯罪嫌疑人藏匿的地点——一座废弃采石场平房。方红霄走在最前面，脚步坚定而又敏捷地朝着目标迈进，方红霄心中默念着"一、二、三……"，每次在执行重大任务的时候，他都是通过这样的方式让自己尽可能地冷静下来，因为他知道，对于手中劫持着人质的绑匪来说，哪怕一丁点的不小心，都可能引发大的变故。当务之急就是千万不能让绑匪狗急跳墙。

2分20秒后,方红霄和武警队员们以迅雷不及掩耳之势踹开藏匿凶手房屋的大门,然后以闪电般的迅猛动作快速冲进屋内。两名歹徒突然看见武警进入,正准备拾起手枪和砍刀进行反抗,只见方红霄举起强光手电朝犯罪分子的脸上射去,说时迟那时快,他举起警棍朝歹徒身上抡了过去。一时间,歹徒疼得嗷嗷直叫。方红霄迅猛连贯的擒拿动作,使得歹徒毫无还手之力,只得束手就擒。

两名绑匪被成功抓捕,人质毫发未损,官兵无一伤亡。在方红霄的带领下,整个突击解救人质过程,仅仅用了10秒。

类似这样的情况,方红霄经历了很多。

方红霄,1970年生于湖南岳阳,20岁时就参军入伍,23岁时在昆明火车站执勤,正式投入反毒斗争第一线。追捕并捣毁跨国贩毒集团、冒死抢夺手雷、扑救森林火险、抗震救灾、武装抓捕涉黑涉毒涉枪犯罪分子……像这样的事儿,他干了不计其数。每当人民群众生命财产安全受到威胁和侵犯的时候,他总是冲在最前面。平日里,他跟战友最常说的一句口头禅就是:"怕什么,有我在!"这是一句多么朴素而又振聋发聩的话语啊。对人民群众来说,有像方红霄这样为人民而战斗的武警战士,我们还怕什么?对他的同事战友来说,有这样一马当先、遇到危险总是冲锋在前的队友,他们还怕什么?也许,在方红霄的心中,就是因为早已将人民群众装在心中,将满腔热血献予他挚爱的人民,他还怕什么?

据不完全统计,方红霄在昆明火车站当执勤战士时曾先后

★ 为民篇 ★

接济旅客 60 多人，帮助 10 多名走失儿童成功联系到家人。仅仅在 6 年的时间里就和战友们一起查获毒品 40 多千克、枪支 40 多把、子弹 2000 余发、黄色制品近 1000 件、各型各类管制刀具 30000 余把，抓捕各类犯罪分子近 2000 名。

72 任红梅：
开在基层的鲜花

百姓事，无小事，当最基层的共产党员干上普普通通的社区工作，遇到家长里短和鸡毛蒜皮时能够碰撞出怎样的火花呢？让我们看看"全国最美城乡社区工作者"任红梅做出了怎样的回答。

任红梅，1970年5月出生，山西省盂县人，1997年6月加入中国共产党，阳泉市矿区桥头街道段南沟社区党总支书记、居委会主任。任红梅工作的社区是典型的资源枯竭型工矿区城市社区，企业转型后职工分流，社区留守儿童、空巢老人、特殊人群的问题亟待解决，各种矛盾层出不穷。

面对这样的现状，任红梅立足平凡岗位，践行为民服务，创新工作思维，用"鸿雁"的图像作为社区为民服务的标志。为什么是鸿雁？任红梅认为，社区应当是群众的领头雁，居委会和便民服务中心应当如鸿雁的翅膀一般，带领社区群众奔向美好生活。于是，任红梅同志提出了"鸿雁真情暖万家一首两翼"工作法，力争把社区打造成温暖、温馨的"大雁巢"，秉承

着"奉献、责任、服务、创新、诚信"的"鸿雁"精神,构建服务型党组织"鸿雁"品牌。

为民服务,除了用脑,更需要用心。在大家的努力下,社区服务设施硬件条件提上来了。硬件有了,"软件"也不能落后,为了更好地服务群众,任红梅决心提升自己的工作能力。她利用休息时间不断学习,考取了中级社会工作师资格证书和国家二级心理咨询师。她的积极奋进,也感染了身边的同事们,在她的带动下,社区内共有3人考取了中级社会工作师证书,有9人考取了助理社会工作师证书,专业人员在社区工作者中的占比达到了75%,工作人员整体素质和工作能力的提升为接下来工作的开展打下了坚实的基础。

在2017年当选为党的十九大代表后,任红梅深入机关、校园、社区、农村、军营进行宣讲,即使嗓音沙哑,快要说不出话,她仍然坚持不懈,宣讲的步伐从未中断。截至目前,累计宣讲260余场。

作为一名基层工作者,她习惯了"早看窗帘晚看灯,社区楼里数板凳"。看窗帘是社区空巢老人家里的窗帘,每天早上,她都要去看看老人们的窗帘有没有拉开;数板凳数的是老人们的板凳,哪位老人没有来社区的老年活动室。华灯初上,她走家入户访寒问暖;大雨滂沱,她心系群众,一家一家查看。她记得清扫积雪,记得清除小广告,记得家家户户的困难,却时常不记得让自己吃上一口热饭,顾不上回家看看自家的老人和孩子。在段南沟社区,残障人士都知道,红梅不会嫌弃他们,红梅的办公室是在有困难时可以随意出入的地方；老人们知道，有事儿找红梅就是找到了自家闺女；小朋友们知道，社区有位像妈妈一样的"红梅阿姨"。任红梅用自己的奋斗，一点一滴串起了百姓对党的热爱之情，也串起了自己逐梦前行的奋斗足迹。

73 谢彬蓉：
绽放在大凉山上的军中绿花

"报效国家和人民是军人的天职，当兵就必须学会吃苦。"谢彬蓉是这么说的，也是这样做的。

谢彬蓉是一名中共党员，高级工程师，大校军衔，1971年出生在重庆市忠县，1993年7月入伍，在空军内蒙古某部服役20年后退役，自主择业选择回到重庆。2014年初，她特意将留的长发剪成了利落的齐耳短发，前往四川省凉山彝族自治州，在乡村学校坚持支教11个学期。

谈及当时参军入伍的经历，谢彬蓉表示，自己的父亲参加过抗美援朝战争，一直是自己崇拜的对象和学习的榜样。1993年大学毕业，品学兼优的谢彬蓉被部队特招入伍，圆了一个军人梦。

内蒙古气候干燥，温差巨大，经常风沙漫天。在严苛的环境下，南方姑娘谢彬蓉从不喊苦、从不说累，咬紧牙关，刻苦训练，以突出的成绩顺利通过考核。在军旅生涯中，她积极学习，潜心钻研，在专业领域取得了不小的突破。

退役后,她了解到凉山彝族地区教学相对落后,便义无反顾地去往当地支教。2014年,她来到西昌市的一所民办彝族学校,这里环境差,极易滋生细菌,刚到不久,谢彬蓉的眼睛就出现了问题,她的眼睛被细菌感染而需要进行手术治疗,为了不耽误学生上课,她并没有休息,坚持上课。看到极差的环境条件,她决心用部队的标准严格要求,一段时间后,校园卫生彻底得到了改善。

2015年8月,谢彬蓉来到了更加偏远的美姑县瓦古乡扎甘洛村,这里海拔3000多米,是一个原生态彝族村寨,只有一个年级10个孩子。

土坯房是当地的标配,教室就是一间土坯房,谢彬蓉住的地方也是一间土坯房。这间土坯房不仅是她的宿舍,也是办公室和厨房,到了夜晚还是老鼠的"活动中心"。

2016年的一天,暴雨如注,雨水倒灌进了谢彬蓉的宿舍。屋顶在暴雨的冲刷浸泡下整个垮塌了下来。所幸当时她还在教室辅导学生学习,没有回去。

当地学生的普通话基础差,甚至讲不出一句完整的普通话。为了方便交流,谢彬蓉和当地村寨的老百姓学习彝族话。班里一个聪明又调皮的女孩经常逃课去放羊,为了让女孩有更好的未来,她亲自到女孩家里给她和家人做思想工作。"孩子这么聪明,如果不读书就太可惜了,而且她还是家里的老大,她好好上学,才能做好榜样,帮助弟弟妹妹们学习,这样一个帮一个,将来他们才会有出息。"谢彬蓉的真诚和掏心掏肺的劝说终于打

动了家长。现在，这个女孩已经初中毕业，谢彬蓉为她联系了职业技术学校，继续学习。

  经过不懈的努力，当地的群众都认识到了学习知识的重要性，先前重男轻女、女孩应该早早嫁人的观念也得到了转变。支教期间，谢彬蓉引进资金和项目帮助村民搞养殖，让当地128名没有学籍的孩子进入公办学校学习。2019年，谢彬蓉被全国妇联评为"三八红旗手"。

74 余元君：守护一江碧水践行者

一个人的生命中最后的三天，他会干什么？

2019年1月17日上午，他前往长沙，上午参加了工程评审，下午赶往岳阳市华容县验收工程，晚上开会，一直到深夜。1月18日，他又一早赶往华容县禹山镇，协调蓄洪垸相关事宜，简单吃过午饭之后，继续开会到下午4点，会议结束，赶往大通湖东垸分洪闸建设工地，又一次工作至深夜。1月19日，他一早冒着严寒来到了岳阳市君山区钱粮湖垸分洪闸工程工地上，进行现场协调和技术指导，简单吃过午饭，没有午休，他又投入到工作中。下午4点刚过，伴随着一阵剧烈的心绞痛，他倒在地上，陷入昏迷。

这次他在工作现场躺下，却再也没有起来。

这位在生命最后一刻仍然坚守在岗位上的水利专家叫余元君，湖南省临澧县人，1972出生，2001年加入中国共产党，湖南省洞庭湖水利工程管理局原总工程师，去世时，年仅46岁。

去世前的这三天，浓缩了他工作以来的25年工作状态。在

 为民篇

工作上，没有捷径可走，加班熬夜、出差调研是25年来的常态。资程是安乡县水利局洪道站站长，也是余元君的好友、同事，在得知余元君去世的消息后，他失声痛哭："真没想到，余总工就这样走了。"

1990年，余元君以优异成绩第一志愿考入天津大学水利系水工专业。1994年，余元君进入湖南省水利系统。他实实在在、兢兢业业地工作了25年。

在2013年时，余元君来到常德指导防汛，大雨如注，他高烧到近40摄氏度，防汛工作刻不容缓，他坚持会商到夜里10点。资程哽咽地回忆："会议结束后，我陪他去打点滴，打到凌晨，第二天早上8点，他又准时出现在会商室。"

余元君曾带队查勘一处污水自排闸，大家刚走到排水口，就被现实的环境给惊住了。涵洞里污水横流、臭气熏天，条件实在太差，队员们都劝余元君先不要进去勘察了，而余元君坚持认为，没有调查就没有发言权，独自一人走进了涵洞。等勘察结束，从几十米长的涵洞内走出来时，污水浸满了他的雨靴，衣裤也已经被打湿，卷起裤脚后发现，腿部接触了污水，在强烈的刺激下长出了大片大片的红斑……

对待工作，余元君从不懈怠，妻子常常劝他"工作不要这样发狠"，可是怎么劝也劝不住，怎么拉也拉不住。余元君家中兄弟姐妹9个，他排行第7，是家里唯一一个大学生，还在政府部门有工作，其他的兄弟姐妹都在务农或打工。虽然家里兄弟姐妹多，可余元君从不因为自己有公职而为自家人"开后

门"。在侄儿的眼里，这位七叔极为严厉，在余元君的支持和鼓励下，他在填报大学志愿时也选择了水利专业，但是在毕业后找工作时没有得到叔叔的任何举荐。余元君的六姐夫是一个小包工头，曾跟余元君提及相关的工程项目，想承接一些小活来做，可余元君却连连摆手表示："扯这个事，免谈。"

"我们怨过他，但更心疼他。"六姐余淑兰说。

问渠那得清如许，为有源头活水来——余元君的"源头活水"，是他作为一个共产党员、一个水利专家为民造福、知识报国的不变"初心"。

75 | 王小勇：
千头万绪中理清为民路

提起城管，在很多人的印象里，往往会让人想起城市的管理者和街道商贩之间的"猫鼠游戏"。然而，有这样一名城管，以服务人民、为民解困为己任，在开展本职工作的时候采取大禹治水"疏而不堵"的办法赢得当地人民的广泛赞誉。他就是先后荣获淮北市"十大杰出青年"、安徽省"先进工作者"、"中国好人"、"全国五一劳动奖章"、"全国先进工作者"等荣誉称号，被人们称之为"最美城管""贴心城管""雷锋城管"的安徽省淮北市城管支队副支队长王小勇。

刚开始从事城管这个工作时，王小勇也会出现和商贩产生冲突的情况，他也曾一度被商贩挖苦道："就这素质还是党员呢？"那一刻，王小勇意识到身为共产党员，应急民之所急，心系人民群众。从那以后，他每次工作执勤时，总是会把党徽挂在胸前，为的是要时刻警醒自己：身为党员，注意言行，服务群众。

有一天，王小勇正在巡查，突然发现了一个占道摆摊的残疾人，当王小勇上前执法管理时，发现残疾人有很严重的抵触情绪。耐心的王小勇并没有直接火上浇油，而是细心将这个情况记到心里。后经过多方打听，得知这名残疾人名叫宿献军，由于小儿麻痹症导致双腿致残，后来遭遇妻子离家出走，自己含辛茹苦地养大了唯一的女儿宿慧敏。宿献军和女儿的生活全都指望这个摊位。王小勇当时心情很沉重，于是决定通过"帮扶式管理"的方式解决宿献军的窘境。在了解到宿献军具有修鞋的手艺后，王小勇自费为他买了一台修鞋机，之后王小勇又主动跑遍了大半个市区，替宿献军找到了一个既符合城市管理规定又有较大人流量的合规摊位点，在解决了他占道摆摊问题的同时，还帮他谋得了一个适合的生计。一年后，宿慧敏考上了初中，但是因为生活拮据交不起学费，王小勇又带领父女二人找到初中校长，申请免掉宿慧敏的学费。又过了三年，宿慧敏初中毕业考上了卫校，王小勇积极联系各方，最终设法让学校同意减免了学费，还帮宿慧敏申请了贫困助学金。诸如宿献军家这样的"好事"，王小勇做了很多……

王小勇虽然收入不高，但十几年来他坚持每月都从工资中拿出一部分钱，去资助他人。王小勇还把他在各种荣誉中获得的3万多元奖金悉数拿出来，去救助困难群众。他设法助异乡流浪人员回家，冒雨背扶被困老人脱险，解决贫困群众再就业问题，义务资助失学儿童复学，向患病的贫困儿童捐款……除了做好事，王小勇在工作中也牢记服务为民，居民区里卖水果的、摊位点上制售面食的、高架桥下开锁修鞋的……这些曾经

的"被管理者"如今都成为王小勇的朋友。有的商贩家里办喜事，会请他去；有的人家外地求学的孩子寄来家书，也会请王小勇转交……

王小勇始终坚持"管理就是服务"的理念，创新提出了"城管110""城管小勇大队"两个服务品牌，成为淮北人民群众真心接受、积极关注的热点。在淮北，王小勇可以称得上是街头巷尾的"民"星。

"把责任扛肩上，把市民当家人，把微笑做名片，用忠诚践行职业良知，用奉献实现职业价值，用敬业成就人生辉煌。"这是王小勇的人生信仰，他是这么想的，也是这么做的。

76 方怀成：
爱心送考的中国好"的哥"

2011年的高考如期而至，6月7日到8日两天，莘莘学子将迎来人生中的重要一搏。这几天，忙碌的不只有考生还有家长和老师们，方怀成也迎来了最忙碌的日子。1977年出生的方怀成，是滁州市的一名出租车司机。恰好，这段时间是他爱人的预产期，但是的哥方怀成却没有为自己即将分娩的妻子和即将出世宝宝而忙碌，他在忙于组织协调爱心护考的工作。

一大早，方怀成就把待产的爱人送进了医院，因为自己还有事，只能委托护士代为照顾。交待好一切，他便匆匆离去，参与到爱心护考工作中去了。在护考间隙，他赶回医院陪伴待产的妻子，需要护送考生时，他再重新回到岗位上。忙忙碌碌中，两天的护考工作结束了，医院也传来了好消息，他的妻子顺利生产。忙碌了两天的方怀成看着襁褓中熟睡中的孩子和精疲力尽的妻子，内心满是愧疚。

2004年，28岁的方怀成带着爱人从老家来到滁州市，靠着打工攒下的积蓄，买了一辆出租车，开始了一名出租车司机

 ★ 为民篇 ★

的生涯。虽然人生地不熟,但在遇到困难的时候,总会有热心的市民和同行朋友向他伸出援手。这座城市让他感受到了家的亲切和温暖。

爱是感恩,爱是传递,看着身边热情善良的市民朋友们,方怀成在心中暗暗决定,要将这份善意和温暖继续传递下去,让爱的种子播撒到千家万户,生根发芽。

说干就干,方怀成和朋友们商量过后,与3位出租车司机朋友共同发起成立了滁州市出租汽车行业"交广爱心车队"。成立之初,方怀成凭借着满腔热情,担任车队的副队长,2010年,方怀成又因为出色的表现和超强的责任心被队友们推选成为车队队长。

"出租车是城市流动的风景线,传递着城市的精神面貌,我们要用自己的实际行动传递社会正能量,让雷锋精神一路传承。"方怀成说。慢慢地,加入到车队的司机朋友越来越多,从成立初期只有43辆车,到现在有97辆车。16年来,他们在每年高考时,都会组织车队开展爱心护考公益活动,为那些交通不便、家庭困难的考生提供免费用车服务,用爱心载着考生驶向梦想中的大学殿堂。

在2020年的爱心护考工作中,方怀成看到了滁州一中考生王同学的家庭信息。通过资料,他得知了王同学家在定远县界牌集镇,父母都身有残疾,家庭情况十分困难。为了让学生"无忧高考",方怀成主动联系了王同学,为王同学提供帮助,不仅安排专人专车接送她考试,还把她接到家里吃饭,帮助她顺利通过高考。

后来得知王同学考上了安徽农业大学，方怀成又拿出4000元积蓄给她，让她交学费，安心上学。王同学充满感激地说："您是个好人，像爸爸一样给我关爱，我一定好好学习，用优异成绩回报您、回报社会！"

方怀成一方面省吃俭用，将自己的积蓄拿出来供家庭困难的孩子们上学，一方面还四处奔走筹集些善款，在社会各界的慷慨解囊和自己的无私奉献之下，如今他已资助了6名学生圆梦大学。

伟大出自平凡，小小一辆出租车，承载了不知道多少的好人好事，的哥方怀成用自己的实际行动践行了"雷锋精神"，让雷锋精神在新时代有了新的阐释。

77 徐本禹：把青春激情燃烧在文化贫瘠处

"我愿做一滴水，当爱的阳光照射到我身上的时候，我愿意毫无保留地再反射给别人！"这句话出自话剧《牵挂》，是剧中主人公张福禹的台词，而这句台词，也正是资助他人、志愿支教的"感动中国2004年度人物"、第十八届"中国十大杰出青年"、第七届"中国十大杰出志愿者"、华中农业大学1999级学生徐本禹的真实写照。

1982年，徐本禹出生在山东聊城一个小村庄，他的父母都是地地道道的农民，他从小就希望自己能够考上好的大学来改变自己的命运，让一辈子辛劳的父母过上好日子。经过不懈的努力，1999年，徐本禹考入了华中农业大学的经济学专业。

怀着对未来生活的期望，带着一丝羞怯与紧张，徐本禹跨越了大半个中国从山东的小村庄来到了武汉这个陌生的大城市。农村少年的求学之路开始了，第一个难题便悄无声息地来到了他的面前：学费怎么解决？

徐本禹在家访

不知道自己会不会因为交不起学费被退学，徐本禹忐忑不安，然而在大学里，许多好心人的帮助让他感受到了温暖。一方面他自己勤工俭学，不放过任何一个赚取学费的机会；另一方面，好心人的帮助也减轻了他生活上的压力。大学四年，徐本禹不仅依靠努力让自己顺利地完成了学业，还利用奖学金和生活补助先后资助了5名学生。

大学毕业后，在考上公费研究生的情况下，他没有立刻选择继续去读书，而是保留研究生入学资格两年，去了当时交通不便、水电不通的贵州省大方县猫场镇狗吊岩村为民小学义务支教。

★ 为民篇 ★

破旧的教室，简陋的住所，吃饭的时候常常要和桌子上的虫子做伴，刚刚大学毕业的北方小伙开始了他天天吃玉米饭、喝酸汤的支教生涯。在为民小学，徐本禹负责五年级一个班的所有课程，一周七天要上六天课，每天的上课时间超过8个小时。2004年7月，他又来到了条件更加艰苦的大方县大水乡大石小学支教。由于不适应当地的气候和饮食，徐本禹患上了胃病，身体一下子消瘦了10多斤。

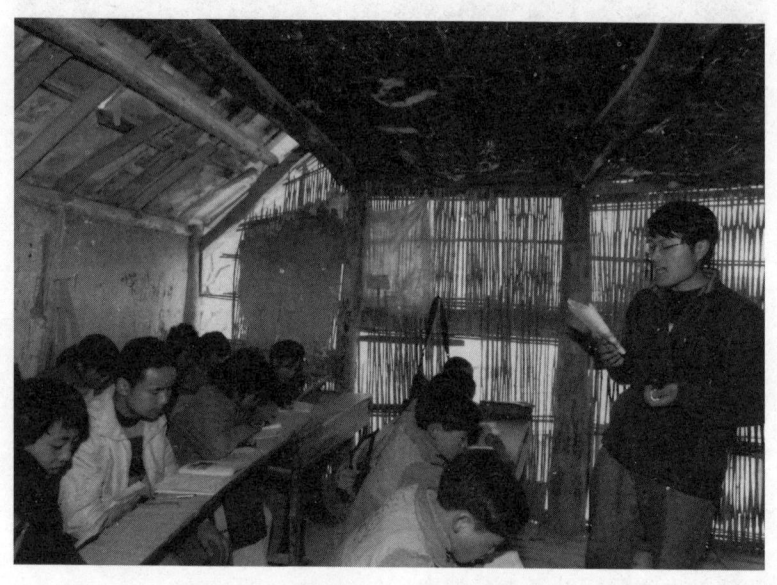

徐本禹在贵州省大方县大水乡大石小学支教

无论条件再苦再难，徐本禹从没有退缩，在支教的两年时间里，他都没有回过一次家。支教结束后，徐本禹返校读研。支教期间，徐本禹创办了红杜鹃爱心社，先后为贵州20余所中小学建立了图书室，培训了400余名乡村教师；先后接受社会好心人士捐款捐物数百万元，修建了10所希望小学。

2004年7月，媒体报道了徐本禹的支教经历，在网络上立即引起了巨大轰动，国内外多家网站转发报道。2005年1月，徐本禹当选为中央电视台"感动中国2004年度人物"，2007年6月，年仅25岁的徐本禹当选为党的十七大代表。

78 文花枝：把生的希望让给游客的"模范导游"

人生于世，难免会遇到意外。当突然遭遇重大事故时，每个人都会做出避险求生的选择。然而有这样一位湖南姑娘，在她 23 岁那一年，面对突如其来的变故，她却选择了把生的希望留给别人。

2005 年 8 月 28 日，在陕西省中部的洛川县，一辆行驶中的旅游大巴突然遭遇重大车祸，一瞬间，原本欢声笑语的旅客们顿时陷入极度恐慌之中，由于大巴车被撞得严重变形，车内的乘客被变形的车皮挤压得血肉模糊。面对这突如其来的变故，人们心绪大乱，顿时车内乱作一团。就在这样的危急时刻，车厢里却传来了导游文花枝的鼓励声——"挺住！加油！"作为一个 23 岁的涉世未深的青年人，文花枝也同样遭遇了突如其来的严重变故，身体已多处受伤，声音十分微弱，但语气里却透着一股子沉稳、坚定的信念，为人们鼓劲打气。这声音就像黑暗中的一道光，让原本身体受到伤痛、精神受到惊吓的游客从死亡的威胁里看到生存下去的希望。

救援过程中,当施救人员一次又一次地向她走来时,文花枝总是吃力地摇头:"我是导游,我没事,请先救游客!"在长达两个多小时的救援时间里,因为身体多处严重受伤导致她多次昏迷,但每次只要文花枝一醒过来,就会不停地为大家鼓劲、加油。经过紧张的抢救后,整车的乘客都被救了出来,文花枝是最后一个被救出来的,也是伤得最重的一个。她后来的伤检报告显示其左腿有9处骨折,右腿大腿骨折,髋骨3处骨折,右胸第4、5、6、7根肋骨骨折。由于她多次要求救援人员先救助其他乘客,自己却耽误了宝贵的救治时间,最终医生不得不为她做了左腿截肢手术。

刚受伤的那段日子里,文花枝有时看着空荡荡的裤管,也会伤心地哭泣。毕竟对于一个23岁的姑娘来说,年纪轻轻就失去了一条腿,对她的身心是多么大的创伤啊。但没过多久,她就释然了,那时的她,眼里已经没有了泪水,她曾斩钉截铁地说:"即使少了一条腿,我也会坚强地生活,我会用微笑面对一切。"劫难以后,之前的人生憧憬和职业规划都被打乱。一段时间的冷静思考后,文花枝决定重回校园,通过学习专业知识和提升职业能力,更好地为旅游事业服务。

2006年8月,文花枝进入了湘潭大学旅游管理专业学习,之后又考取了硕士研究生。2013年硕士毕业,她又成为湘潭市旅游局的一名职工,继续从事着她一直都热爱的旅游事业。她用身体力行诠释了"身残志不能丢"。

2006年,文花枝获得全国三八红旗手、全国五一劳动奖章

 ★为民篇★

等荣誉。文花枝2007年荣获第一届"全国道德模范",2009年获得"100位新中国成立以来感动中国人物"等荣誉称号,2012年当选为党的十八大代表,2019年被授予"最美奋斗者"称号。

79 | 李夏：扎根在基层

"他是真的喜欢基层，喜欢跟老百姓打交道。"不止一位受访者这样评价他。

这位喜欢基层、喜欢跟老百姓打交道的干部，名叫李夏，是一名共产党员，是安徽省宣城市绩溪县荆州乡党委委员、纪委书记。1986年出生的他，以身殉职时只有33岁。

2019年，最强台风"利奇马"在浙江省温岭市沿海登陆。安徽省绩溪县距离台风登陆中心300千米，下起了大暴雨，暴雨导致多处道路桥梁垮塌，交通中断，山体塌方。在得知下胡家村的乡敬老院等地发生险情后，李夏立即与同事赶往现场，排除险情，安抚老人们，并

李夏

到群众家中,劝导人员转移。此时,下胡家村口发生塌方险情,李夏等三人随即赶赴现场,协助抢险救人。16时30分左右,李夏的身影消失在大塌方泥石流中,工作人员立刻展开全力搜救。13个小时过去了,让人遗憾的是,奇迹并没有发生。11日早晨6时左右,李夏遗体被找到。

在此之前,李夏还参加了另一场救灾行动。2018年6月29日凌晨,长安镇大源村发生特大洪水,受灾情影响,原本的道路已经不能通行,李夏和同行的镇干部们绕道危险的山路,在第一时间到达受灾地,原本10分钟的路程,大家走了40分钟。大家在泥泞中冒着生命危险,防备着不断滚落的山石,后来回想起当时的情景,许多习惯了走山路的同志都觉得后怕。到达大源村后,大家抓紧时间排除险情、核灾救灾,一忙就是一上午,到中午的时候,才终于有时间停下来歇一歇。雨靴上沾满泥土,里面灌满了雨水,奔走了许久的李夏坐下来脱了靴子,才发现自己的脚都泡肿了。同行的同事抓拍了这个瞬间,把照片拿给李夏看,李夏却连忙说道:"千万不要让我的家里人知道了,免得他们担心。"

李夏牺牲之后,他的母亲才看到这张照片:"他小时候穿个塑料凉鞋都怕沙子硌脚,没想到,现在能光着脚下到村里,我为儿子骄傲。"这位坚强的母亲一边红着眼圈摩挲着照片,一边安慰着哭泣的儿媳。

"闭上眼,总感觉李夏没走,还在大家身边,还是那么开心地走在乡间那条小路上,帮大婶提着一篮子南瓜,脸上洋溢着灿烂的笑容。"为李夏拍下那张照片、曾任绩溪县长安镇纪委书记的章毓青每每想起李夏,心中便是难以言喻的悲伤和怀念。

李夏生前常常会帮助高杨村村民葛洪亮下地干活,还曾建议她可以种一些菊花,这样能有更好的效益。葛洪亮有所顾虑,担心自己不会种植,害怕没有收获,李夏告诉她,技术上不用愁,他会从家乡黄山市请来技术专家,销路也不用愁,都会帮着大家解决。如今,葛洪亮家门口的田埂路已经翻修成了宽阔便利的砂石路,路旁开满的菊花则诉说着对李夏最深沉的思念。

80 陈洲贵：
碧海长空上永远的英魂

在人民群众落海遇险时，时年22岁的他没有丝毫犹豫，英勇地冲进波涛汹涌的海水，把生的希望留给他人，把死的危险留给自己。他就是新时代的优秀学子陈洲贵。

陈洲贵，1991年出生，福建省漳州市东山县人，生前系中国人民武警学院边防系十三队学员。陈洲贵来自一个普普通通的工人家庭，父亲是当地一家制冰厂的职工，母亲全职在家，姐姐做临时工，妹妹读高中。家庭收入微薄，生活负担较重。穷人的孩子早当家，陈洲贵从小就体谅家里的实际困难。到武警学院上学后，他将每个月的津贴拿出一半补贴家用，一部分存起来，自己只留必需的一点当作生活费。在同学眼里，陈洲贵是一个公认的"热心肠"，喜欢乐于助人。在入学军训时，陈洲贵就曾因主动帮助大家打开水，一次拎了五六个水壶不小心滑倒而受伤。尽管家里并不富裕，但每遇救助孤残、捐款捐物等活动时，他总是特别积极。平时一有时间，陈洲贵就与同学们去当地的一家孤儿院看望那里的孩子们，给他们买各种生活、学习用品，陪他们聊天、做游戏。2013年暑假，在与同乡结伴从北京坐火车到福州的途中，陈洲贵还帮助一位车上的旅客寻找丢失的车票。当时陈洲贵挨个车厢寻找，19个多小时的车程，他找了16个小时。

2013年7月，陈洲贵放假回到了自己的老家东山。东山位于福建南端，地势由西北向东南倾斜，岛上绿树成荫，素有"东海绿洲"之称。美丽的自然风光，气爽宜人的天气，每年都会吸引大量游客前来观光。31日下午，陈洲贵来到东山屿南浴场的海边散步。此时，海边突然出现险情，一股强风让平静的海面卷起了几米高的巨浪，这让正在海里游泳的游客顿感惊慌失措，大家纷纷向岸边逃去，其中有6名游客被大浪卷入了海中。

"救我……救我！"

在喧嚣嘈杂之中，陈洲贵听到有人呼救。他转身顺声望去，只见在距离海边几十米远的海水中，有人挥动着双手在努力挣扎。

"不好，有人溺水！"陈洲贵见势赶忙冲了过去，他边跑边脱衣服，一头扎进海水中，奋力游向溺水者。在救出一人后，陈洲贵又再次冲入汹涌的海浪中……

最终群众得救了，陈洲贵却因体力耗尽，沉入了海中，没能上来。之后经过几日的艰难搜寻，噩耗传来，陈洲贵的遗体在马銮湾附近海域被发现。谁曾想，这位未来可期的年轻学子就这样走了，他的青春永远定格在了那个夏天。

 ★ 为民篇 ★

遗体告别仪式那天，水晶棺里，陈洲贵着一身崭新的军装。棺上盖着鲜红的党旗。他是学生，他是军人，他更是一名中国共产党员。他树立了一座英雄的丰碑，他用自己的实际行动诠释了"为民"的深刻含义。

图书在版编目（CIP）数据

红色基因.为民篇/蒋海升主编；宋健，孟冲编著.
—济南：泰山出版社，2021.10
ISBN 978-7-5519-0656-2

Ⅰ.①红… Ⅱ.①蒋… ②宋… ③孟… Ⅲ.①中国共产党—党员—先进事迹 Ⅳ.①D263

中国版本图书馆CIP数据核字（2021）第119005号

HONGSE JIYIN · WEIMIN PIAN
红色基因·为民篇

策　　划	胡　威
主　　编	蒋海升
编　　著	宋　健　孟　冲
责任编辑	武良成
装帧设计	路渊源

出版发行	泰山出版社
社　　址	济南市泺源大街2号　邮编　250014
电　　话	综 合 部（0531）82023579　82022566
	市场营销部（0531）82025510　82020455
网　　址	www.tscbs.com
电子信箱	tscbs@sohu.com
印　　刷	山东新华印务有限公司
成品尺寸	148 mm × 210 mm　32开
印　　张	8
字　　数	159千字
版　　次	2021年10月第1版
印　　次	2021年10月第1次印刷
标准书号	ISBN 978-7-5519-0656-2
定　　价	36.00元